KB261644

혼자 배우는 스페인어 첫걸음

양인지 지음

정진출판사

머리말

《혼자 배우는 스페인어 첫걸음》을 펴내며

스페인어는 UN의 여섯 개 공식 언어 중 하나로, 전 세계 4억이 넘는 인구가 모국어로 사용하고 있습니다. 중국어 다음으로 사용 인구가 많은 언어로, 그 중요성 역시 점점 더 커지고 있지요. 스페인을 비롯해 멕시코, 페루, 콜롬비아, 아르헨티나, 칠레, 쿠바, 볼리비아, 파나마, 코스타리카, 우루과이, 파라과이 등 많은 중남미 국가에서 스페인어를 사용하고 있습니다. 뿐만 아니라 미국 내 히스패닉 인구도 늘어나고 있어, 지리적으로 라틴아메리카와 가까운 LA나 마이애미는 물론, 뉴욕이나 워싱턴 등 대도시에서도 스페인어의 영향력이 커지고 있습니다.

이 책을 쓰면서 저는 처음 스페인어를 접했을 때를 되돌아보며 어떻게 하면 혼자 쉽게 공부할 수 있을까를 고민했습니다. 그 결과 철저히 학습자의 입장에서 책을 구성하기로 했습니다. 각 과의 〈기본회화〉에는 꼭 알아야 하는 표현을, 〈기본회화 해설〉과 〈문법이야기〉에는 관련 설명을 담았습니다. 또한 〈주요표현〉에는 앞서 배운 표현들을 확장해 넣고, 〈주제별 단어〉에는 스페인어를 하는 데 꼭 필요한 어휘들을 담았습니다. 이 책을 공부하는 여러분은 각 과를 뼈대로 삼아 살을 붙여가면서 단어, 동사, 문장단위로 스페인어를 쓸 수 있게 될 것입니다.

스페인어는 낭만적인 표현으로 가득할 뿐 아니라 발음도 참 예쁜 언어입니다. 빠르고 경쾌한 스페인어를 듣고 있으면 마치 즐거운 노래를 듣는 것 같습니다. 이런 스페인어의 매력에 빠져 앞으로 끈기있게 공부하셨으면 좋겠습니다. 외국어는 한번에 정복하는 것이 아니라 가랑비에 옷 젖듯 꾸준히 해야 하는 공부니까요. 여러분이 스페인어를 통해 더 큰 세상을 만나게 되기를, 이 책이 그 일에 작은 길잡이가 되기를 바랍니다.

책 작업을 하는 동안 든든한 힘이 되어준 가족과 사랑하는 친구들, 좋은 조언을 주신 정진출판사 관계자 여러분, 항상 큰 가르침을 주시는 한국외국어대학교 통번역대학원 교수님들과 한서과 동기 여러분께 깊은 감사를 드립니다.

저자 양 인 지

이 책의 주요 구성

기본회화

실생활에서 자주 쓰이는 화제를 실어서 실제 활용에 도움이 되도록 하였습니다.

기본회화 해설

기본회화에 나오는 주요 내용을 상세히 설명하여 누구나 쉽게 스페인어의 기본을 익힐 수 있도록 하였습니다.

새로 나온 단어

대화에 나오는 주요 단어를 정리하였습니다.

주요표현

기본회화와 관련된 여러 가지 다른 표현들을 수록하여 다양한 학습이 되도록 하였습니다.

Tip

혼동하기 쉬운 표현이나 핵심이 되는 표현들을 의미 이해에 도움이 되도록 간략하게 설명하였습니다.

주요표현 단어

주요표현에 나오는 핵심 단어들을 정리하였습니다.

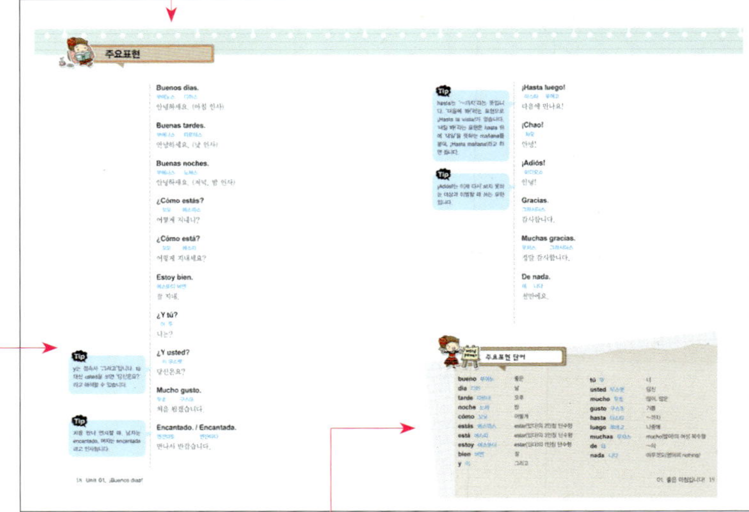

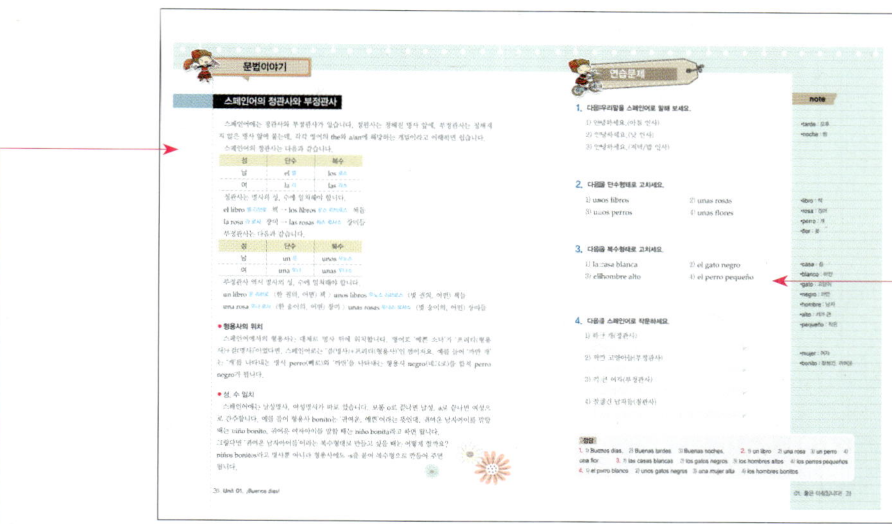

문법이야기

스페인어의 기본이 되는 문법과 용법을 정리하여 응용력을 키우도록 하였습니다.

연습문제

해당 과에서 배운 것을 기초로 여러 가지 문제를 풀면서 응용력을 키우도록 하였습니다.

주제별 단어

본문에서 다루지 못한 생활에 꼭 필요한 단어들을 그림과 함께 수록하였습니다.

스페인 엿보기

학습자들이 스페인어에 흥미를 갖도록 하기 위해 스페인의 문화와 생활을 소개하였습니다.

 한 가지 학습자 여러분께 당부드리고 싶은 말은 이 책에 한글로 병기된 발음은 단지 참고로만 활용하시고, 정확한 발음은 녹음된 스페인 현지인의 발음을 따라하면서 습득하시기 바랍니다.

차례

onito   bebida   caro   correr
cuchara   cebolla   ciruela chupar
ucha   dar decir   flor   fresco
ente   girasol   helado   hielo
oya juego   kilometro   kilogramo
alle llorar mujer

발음편

스페인어의 문자와 발음

스페인어의 철자는 자음 24개, 모음 5개로 총 29개입니다. 스페인어에서는 p, t, k 등을 [ㅍ, ㅌ, ㅋ]가 아닌 [ㅃ, ㄸ, ㄲ]의 된소리로 발음합니다.

1. 스페인어의 문자

문자		명칭	발음	문자		명칭	발음
A	a	a	아	N	n	ene	에네
B	b	be	베	Ñ	ñ	eñe	에녜
C	c	ce	쎄	O	o	o	오
Ch	ch	che	체	P	p	pe	뻬
D	d	de	데	Q	q	cu	꾸
E	e	e	에	R	r	erre	에레
F	f	efe	에페	S	s	ese	에쎄
G	g	ge	헤	T	t	te	떼
H	h	hache	아체	U	u	u	우
I	i	i	이	V	v	uve	우베
J	j	jota	호따	W	w	uve doble	우베 도블레
K	k	ka	까	X	x	equis	에끼스
L	l	ele	엘레	Y	y	i griega	이 그리에가
Ll	ll	elle	에예	Z	z	zeta	쎄따
M	m	eme	에메				

▶ 참고로 'll[에예]'의 발음은 지역별로 차이가 있습니다. 중남미에서는 [에제]로, 특히 아르헨티나에서는 [에세]로 발음하기도 합니다.

2. 스페인어의 발음

1) 자음

B b

우리말 [ㅂ]과 비슷합니다.
bonito 보니또 귀여운   **b**ebida 베비다 음료수

C c

c 다음에 모음 a, o, u가 오면 우리말 [ㄲ]과 비슷합니다.
caro 까로 비싼   **c**orrer 꼬레르 달리다
c 다음에 모음 e, i가 오면 우리말 [ㅆ]과 비슷합니다.
cebolla 쎄보야 양파   **c**iruela 씨루엘라 체리

Ch ch

우리말 [ㅊ]과 비슷합니다.
chupar 추빠르 빨다   du**ch**a 두차 샤워

D d

우리말 [ㄷ]과 비슷합니다.
dar 다르 주다   **d**ecir 데씨르 말하다

F f

우리말 [ㅍ]과 비슷합니다.
flor 플로르 꽃   **f**resco 프레스꼬 신선한

G g

g 다음에 모음 a, o, u가 오면 [ㄱ]처럼 발음합니다.
gato 가또 고양이   **g**ordo 고르도 뚱뚱한

g 다음에 모음 e, i가 오면 우리말 [ㅎ]처럼 발음하되, [ㅎ]보다는 더 힘을 주어 강하게 발음합니다.
gente 헨떼 사람들   **g**irasol 히라솔 해바라기

H h

묵음입니다.
helado 엘라도 아이스크림   **h**ielo 이엘로 얼음

J j

우리말 [ㅎ]처럼 발음하되 힘을 주어 강하게 발음합니다.
joya 호야 보석   **j**uego 후에고 놀이

K k

우리말 [ㄲ]처럼 발음합니다. 보통 외래어에 쓰입니다.

kilómetro 낄로메뜨로 킬로미터   **k**ilogramo 낄로그라모 킬로그램

L l

우리말 [ㄹ]처럼 발음합니다.

libre 리브레 자유로운   **l**impio 림삐오 깨끗한

Ll ll

ll 다음에 모음 a, e, i, o, u가 오면 lla[ya 야], lle[ye 예], lli[yi 이], llo[yo 요], llu[yu 유]와 같이 발음합니다.

ca**ll**e 까예 길   **ll**orar 요라르 울다

M m

우리말 [ㅁ]처럼 발음합니다.

mujer 무헤르 여자   **m**ano 마노 손

N n

우리말 [ㄴ]처럼 발음합니다.

negro 네그로 까만   **n**acer 나쎄르 태어나다

Ñ ñ

ñ 다음에 모음 a, e, i, o, u가 오면 우리말 ña[냐], ñe[녜], ñi[니], ño[뇨], ñu[뉴]와 같이 발음합니다.

ni**ñ**o 니뇨 어린아이   ma**ñ**ana 마냐나 내일

P p

우리말 [ㅃ]처럼 발음합니다.

padre 빠드레 아버지   **p**epino 뻬삐노 오이

Q q

-ue와 함께 que[께], -ui와 함께 qui[끼]로 발음합니다.

par**que** 빠르께 공원   **qu**ince 낀쎄 열다섯

R r

우리말 [ㄹ]처럼 발음하되, 단어의 첫머리에 올 때는 진동을 더해 [ㄹㄹ]처럼 발음합니다.

rico ㄹ리꼬 부유한   **r**eina ㄹ레이나 왕비
ca**r**o 까로 비싼   pe**r**o 뻬로 그러나

Rr rr

단어의 첫머리에 나오는 경우는 없습니다. r보다 세게 진동을 주어야 합니다.

pe**rr**o 뻬르로 개   fe**rr**ocarril 페르로까ㄹ릴 철도

S s

우리말 [ㅅ] 또는 그보다 강하게 발음합니다.

sábado 싸바도　토요일　　　　**s**aber 싸베르　알다

T t

우리말 [ㄸ]처럼 발음합니다.

tigre 띠그레　호랑이　　　　**t**orre 또레　탑

V v

우리말 [ㅂ]처럼 발음합니다.

u**v**a 우바　포도　　　　in**v**ierno 인비에르노　겨울

W w

외래어를 표기할 때 사용되며 우리말 [ㅜ]처럼 발음합니다.

ki**w**i 끼위　키위　　　　**w**hiskey 위스끼　위스키

X x

보통 [ks]로 발음합니다.

e**x**amen 엑싸멘　시험　　　　e**x**tranjero 엑스뜨랑헤로　외국인

경우에 따라 [ㅎ]이나 [ㅅ] 발음을 내기도 합니다.

Mé**x**ico 메히꼬　멕시코　　　　**x**ilófono 씰로포노　실로폰

Y y

[ya 야], [yo 요] 등과 같이 발음합니다.

yate 야떼　요트　　　　**y**erno 예르노　사위

Z z

우리말 [ㅆ]처럼 발음합니다.

zapato 싸빠또　신발　　　　**z**orro 쏘로　여우

2) 모음

　스페인어의 모음은 a[아], e[에], i[이], o[오], u[우] 다섯 개입니다. 이 중 a, e, o는 강모음, i, u 는 약모음이라 칭합니다.

A a

우리말 [아]처럼 발음합니다.

agua 아구아　물　　　　**a**lto 알또　키 큰

E e

우리말 [에]처럼 발음합니다.

estrella 에스뜨레야　별　　　　**e**ntrar 엔뜨라르　들어가다

우리말 [이]처럼 발음합니다.

idea 이데아 생각　　　　　**pi**ña 삐냐 파인애플

우리말 [오]처럼 발음합니다.

ojo 오호 눈　　　　　**o**reja 오레하 귀

우리말 [우]처럼 발음합니다.

usar 우사르 사용하다　　　　　**u**niversidad 우니베르씨닷 대학

스페인어에는 이중모음이 있는데, 하나의 모음으로 간주합니다.

> 강모음＋약모음 : ai, au, ei, eu, oi, ou
>
> 약모음＋강모음 : ia, ua, ie, ue, io, uo
>
> 약모음＋약모음 : ui, iu

aire 아이레 공기　　　　　p**ia**no 삐아노 피아노

c**iu**dad 씨우닷 도시　　　　　p**aí**s 빠이스 국가

famil**ia** 파밀리아 가족　　　　　c**ui**dar 꾸이다르 돌보다

estud**ia**r 에스뚜디아르 공부하다

Cf. '강모음 + 강모음'은 이중모음이 아닌 별개의 모음으로 간주합니다.

3. 스페인어의 악센트 위치

1) 모음 또는 -n, -s로 끝나는 단어는 뒤에서 두 번째 모음에 강세가 놓입니다.

joven 호벤 젊은이　　　　　im**a**gen 이마헨 이미지

ju**e**ves 후에베스 목요일　　　　　**ca**sa 까사 집

libro 리브로 책

2) -n, -s를 제외한 자음으로 끝나는 단어는 가장 끝 음절 모음에 강세가 놓입니다.

habl**ar** 아블라르 말하다　　　　　Mad**rid** 마드릿 마드리드

am**o**r 아모르 사랑

3) 예외가 있는 단어는 반드시 강세를 표시합니다.

caf**é** 까페 커피　　　　　d**í**a 디아 날, 일

estaci**ó**n 에스따씨온 계절, 역　　　　　f**á**cil 파씰 쉬운

일상회화편

¡Buenos días!
좋은 아침입니다!

기본회화

Carlos : **¡Hola! ¡Buenos días!**
올라　부에노스　디아스

Isabel : **¡Hola! ¡Buenos días!**
올라　부에노스　디아스

Carlos : **¿Qué tal?**
께　딸

Isabel : **Estoy bien. Gracias.**
에스또이　비엔　그라시아스

¿Y tú?
이　뚜

Carlos : **Bien, bien.**
비엔　비엔

¡Hola, profesor Kim! ¿Cómo está?
올라　쁘로페쏘르　킴　꼬모　에스따

Kim : **Todo bien. Gracias.**
또도　비엔　그라시아스

해석

카를로스 : 안녕! 좋은 아침!
이사벨　：　안녕! 좋은 아침!
카를로스 : 어떻게 지내?
이사벨　：　잘 지내. 고마워.
　　　　　너는?
카를로스 : 아주 좋아.
　　　　　안녕하세요, 김 선생님. 어떻게 지내세요?
김 　：　다 좋아. 고맙다.

기본회화 해설

1. ¡Hola! 안녕하세요!

스페인어에서 가장 기본적인 인사표현으로 '안녕'을 뜻합니다. 영어의 hello에 해당하는 인사말로 시간에 구애받지 않고 쓸 수 있습니다. 스페인어에서 주의해야 할 점은 느낌표는 반드시 문장 앞뒤로 찍어줘야 한다는 것입니다. 물론 의문문에서도 물음표를 문장 앞뒤로 찍어줘야 합니다.

2. ¡Buenos días! 좋은 아침이에요!

스페인어에는 아침, 낮, 저녁에 하는 인사말이 있습니다.

아침 인사	Buenos días 부에느스 디아스
낮 인사	Buenas tardes 부게나스 따르데스
저녁/밤 인사	Buenas noches 부에나스 노체스

3. ¿Cómo está? 어떻게 지내세요?

'(당신은) 어떻게 지내세요?'라는 인사말입니다. cómo는 '어떻게'라는 의문사이고, está는 estar의 3인칭 단수형태입니다. 스페인어의 인칭대명사는 다음과 같습니다.

인칭	단수	복수
1인칭	yo 요 나	nosotros/nosotras 노소뜨로스/노소뜨라스 우리
2인칭	tú 뚜 너	vosotros/vosotras 보소뜨로스/보소뜨라스 너희
3인칭	él 엘 그	ellos 어요스 그들
	ella 에야 그녀	ellas 에야스 그녀들
	usted 우스뗏 당신	ustedes 우스떼데스 당신들

새로 나온 단어

hola 올라	안녕, 안녕하세요	**y** 이	그리고
bueno 부에노	좋은	**tú** 뚜	너
día 디아	날, 일	**profesor** 쁘로페쏘르	선생님, 교수
qué tal 께 딸	어떻게 지내세요	**cómo** 꼬모	어떻게
estoy 에스또이	estar(있다)의 1인칭 단수형	**está** 에스따	estar(있다)의 3인칭 단수형
bien 비엔	잘	**todo** 또도	모두, 모든
gracias 그라시아스	고맙습니다		

Buenos días.
부에노스 　 디아스
안녕하세요. (아침 인사)

Buenas tardes.
부에나스 　 따르데스
안녕하세요. (낮 인사)

Buenas noches.
부에나스 　 노체스
안녕하세요. (저녁, 밤 인사)

¿Cómo estás?
꼬모 　 에스따스
어떻게 지내니?

¿Cómo está?
꼬모 　 에스따
어떻게 지내세요?

Estoy bien.
에스또이 비엔
잘 지내.

¿Y tú?
이 뚜
너는?

¿Y usted?
이 우스뗏
당신은요?

Mucho gusto.
무초 　 구스또
처음 뵙겠습니다.

Encantado. / Encantada.
엔깐따도 　 　 엔깐따다
만나서 반갑습니다.

Tip

y는 접속사 '그리고'입니다. tú
대신 usted을 쓰면 '당신은요?'
라고 해석할 수 있습니다.

Tip

처음 만나 인사할 때, 남자는
encantado, 여자는 encantada
라고 인사합니다.

¡Hasta luego!
아스따 루에고
다음에 만나요!

¡Chao!
차오
안녕!

¡Adiós!
아디오스
안녕!

Gracias.
그라시아스
감사합니다.

Muchas gracias.
무차스   그라시아스
정말 감사합니다.

De nada.
데   나다
천만에요.

주요표현 단어

bueno 부에노	좋은		**tú** 뚜	너
día 디아	날		**usted** 우스뗏	당신
tarde 따르데	오후		**mucho** 무초	많이, 많은
noche 노체	밤		**gusto** 구스또	기쁨
cómo 꼬모	어떻게		**hasta** 아스따	〜까지
estás 에스따스	estar(있다)의 2인칭 단수형		**luego** 루에고	나중에
está 에스따	estar(있다)의 3인칭 단수형		**muchas** 무차스	mucho(많이)의 여성 복수형
estoy 에스또이	estar(있다)의 1인칭 단수형		**de** 데	〜의
bien 비엔	잘		**nada** 나다	아무것도(영어의 nothing)
y 이	그리고			

스페인어의 정관사와 부정관사

스페인어에는 정관사와 부정관사가 있습니다. 정관사는 정해진 명사 앞에, 부정관사는 정해지지 않은 명사 앞에 붙는데, 각각 영어의 the와 a/an에 해당하는 개념이라고 이해하면 쉽습니다.

스페인어의 정관사는 다음과 같습니다.

성	단수	복수
남	el 엘	los 로스
여	la 라	las 라스

정관사는 명사의 성, 수에 일치해야 합니다.

el libro 엘 리브로 책 → los libros 로스 리브로스 책들

la rosa 라 로사 장미 → las rosas 라스 로사스 장미들

부정관사는 다음과 같습니다.

성	단수	복수
남	un 운	unos 우노스
여	una 우나	unas 우나스

부정관사 역시 명사의 성, 수에 일치해야 합니다.

un libro 운 리브로 (한 권의, 어떤) 책 → unos libros 우노스 리브로스 (몇 권의, 어떤) 책들

una rosa 우나 로사 (한 송이의, 어떤) 장미 → unas rosas 우나스 로사스 (몇 송이의, 어떤) 장미들

● 형용사의 위치

스페인어에서의 형용사는 대체로 명사 뒤에 위치합니다. 영어로 '예쁜 소녀'가 '프리티(형용사)+걸(명사)'이었다면, 스페인어로는 '걸(명사)+프리티(형용사)'인 셈이지요. 예를 들어 '까만 개'는 '개'를 나타내는 명사 perro(뻬로)와 '까만'을 나타내는 형용사 negro(네그로)를 합쳐 perro negro가 됩니다.

● 성, 수 일치

스페인어에는 남성명사, 여성명사가 따로 있습니다. 보통 o로 끝나면 남성, a로 끝나면 여성으로 간주합니다. 예를 들어 형용사 bonito는 '귀여운, 예쁜'이라는 뜻인데, 귀여운 남자아이를 말할 때는 niño bonito, 귀여운 여자아이를 말할 때는 niña bonita라고 하면 됩니다.
그렇다면 '귀여운 남자아이들'이라는 복수형태로 만들고 싶을 때는 어떻게 할까요?
niños bonitos라고 명사뿐 아니라 형용사에도 -s를 붙여 복수형으로 만들어 주면
됩니다.

1. 다음 우리말을 스페인어로 말해 보세요.

1) 안녕하세요.(아침 인사)

2) 안녕하세요.(낮 인사)

3) 안녕하세요.(저녁/밤 인사)

• tarde : 오후
• noche : 밤

2. 다음을 단수형태로 고치세요.

1) unos libros   2) unas rosas

3) unos perros   4) unas flores

• libro : 책
• rosa : 장미
• perro : 개
• flor : 꽃

3. 다음을 복수형태로 고치세요.

1) la casa blanca   2) el gato negro

3) el hombre alto   4) el perro pequeño

• casa : 집
• blanco : 하얀
• gato : 고양이
• negro : 까만
• hombre : 남자
• alto : 키가 큰
• pequeño : 작은

4. 다음을 스페인어로 작문하세요.

1) 하얀 개(정관사)

2) 까만 고양이들(부정관사)

3) 키 큰 여자(부정관사)

4) 잘생긴 남자들(정관사)

• mujer : 여자
• bonito : 잘생긴, 귀여운

정답

1. 1) Buenos días. 2) Buenas tardes. 3) Buenas noches. **2.** 1) un libro 2) una rosa 3) un perro 4) una flor **3.** 1) las casas blancas 2) los gatos negros 3) los hombres altos 4) los perros pequeños **4.** 1) el perro blanco 2) unos gatos negros 3) una mujer alta 4) los hombres bonitos

주제별 단어

▶ 과일 · 동물

manzana 사과
만싸나

plátano 바나나
쁠라따노

naranja 오렌지
나란하

sandía 수박
싼디아

uva 포도
우바

piña 파인애플
삐냐

fresa 딸기
프레싸

limón 레몬
리몬

coco 꼬꼬 코코넛	**papaya** 빠빠야 파파야
durazno 두라쓰노 복숭아	**mango** 망고 망고
mandarina 만다리나 귤	**perro** 뻬로 개
pájaro 빠하로 새	**tigre** 띠그레 호랑이
mono 모노 원숭이	**oveja** 오베하 양
rata 라따 쥐	**oso** 오소 곰
vaca 바까 소	**jirafa** 히라파 기린
cocodrilo 꼬꼬드릴로 악어	**pescado** 뻬스까도 물고기
gato 가또 고양이	**pollo** 뽀요 닭
dragon 드라곤 용	**caballo** 까바요 말
lagarto 라가르또 도마뱀	**cerdo** 쎄르도 돼지
ciervo 씨에르보 사슴	**tortuga** 또르뚜가 거북이
elefante 엘레판떼 코끼리	**ballena** 베예나 고래

스페인어의 중요성

스페인어를 배우기 시작하신 여러분, 혹시 중남미나 스페인 여행을 꿈꾸고 계신가요? 스페인어가 여러분의 여행을 한층 깊고 다채롭게 만들어줄 것이라 확신합니다. 스페인어를 아주 조금만 할 줄 알아도 여러분은 현지인들에게 더 쉽고 친밀하게 다가갈 수 있을 겁니다. 그들의 문화를 이해하는 것은 무엇보다 스페인어를 구사하는 데서부터 시작되니까요.

그럼 우리가 배우는 스페인어에 대해 조금 더 알아볼까요? 스페인어는 UN의 여섯 개 공식 언어 중 하나로, 전 세계 4억이 넘는 인구가 고국어로 사용하고 있습니다. 중국어 다음으로 사용 인구가 많은 언어입니다. 스페인어를 사용하는 국가는 30개국, 스페인어를 공용어로 채택한 국가는 21개국에 달합니다. 스페인을 비롯해 멕시코, 페루, 아르헨티나, 칠레, 쿠바, 볼리비아, 파나마, 코스타리카, 우루과이, 파라과이 등 많은 중남미 국가에서 스페인어를 사용하지요.

미국에서도 스페인어를 사용하는 히스패닉 인구가 급속한 증가세를 보이고 있습니다. 이에 따라 그 중요성이 커지면서 스페인어는 여러 나라에서 가장 많이 가르치는 제2외국어로 자리매김했습니다. 지리적으로 라틴아메리카와 가까운 LA, 마이애미 등의 대도시는 물론, 뉴욕이나 워싱턴 등 대도시에서도 스페인어의 영향력이 커지고 있습니다.

Soy coreano.
나는 한국인입니다.

기본회화

Hayeon : **Hola, diego. ¿Eres argentino?**
올라　　디에고　　에레스　아르헨띠노

Diego : **No. Soy chileno.**
노　쏘이　칠레노

Hayeon : **¿Eres estudiante?**
에레스　에스뚜디안떼

Diego : **No, Soy profesor de historia.**
노　쏘이　쁘로페쏘르　데　이스또리아

Hayeon : **Yo también soy profesora.**
요　땀비엔　　쏘이　쁘로페쏘라

Diego : **¿Ah, sí? ¿De dónde eres?**
아　씨　데　돈데　　에레스

Hayeon : **Soy de Corea.**
쏘이　데　꼬레아

Diego : **Eres muy bonita.**
에레스　무이　　보니따

해석

하연 :　디에고, 안녕. 너는 아르헨티나 사람이니?
디에고 : 아니. 나는 칠레 사람이야.
하연 :　너는 학생이니?
디에고 : 아니. 나는 역사 교사야.
하연 :　나도 교사야.
디에고 : 아, 그래? 너는 어느 나라 출신이니?
하연 :　나는 한국 출신이야.
디에고 : 너 정말 예쁘다.

1. ¿Eres argentino?　너는 아르헨티나 사람이니?

ser 동사는 '~이다'의 의미로 주어의 본질이나 속성 그리고 이름, 신분, 출신 등 변하지 않는 성질을 나타낼 때 사용됩니다. 따라서 출신은 변할 수 없기 대문에 주어 tú에 맞는 ser 동사의 2인칭 단수형, eres와 함께 씁니다. 예를 들어, '너는 한국인이니?'는 ¿Eres coreano?라고 하면 됩니다.

2. Soy profesor de historia.　나는 역사 교사이다.

직업 역시 ser 동사와 함께 나타냅니다. yo(나)에 맞는 ser 동사 1인칭 단수형 soy와 함께 직업을 나타냅니다. de는 전치사로 '~의'라는 뜻입니다. 따라서 profesor de historia는 '역사 교사'라는 뜻을 나타냅니다. '여자 교사'는 당연히 profesora가 됩니다. 그렇다면, '우리는 역사 교사들이다'는 어떻게 표현할까요? 성과 수에 주의해서 Somos profesores de historia.라고 하면 됩니다.

3. ¿De dónde eres?　너는 어디 출신이니?

'어디'를 뜻하는 의문사 dónde 앞에 전치사 de가 왔습니다. de는 여러 가지 뜻을 가진 전치사로, 이 문장에서는 '~에서'라는 뜻으로 쓰였는데, 이렇게 전치사와 의문사가 함께 쓰일 때는 전치사가 의문사 앞에 옵니다. dónde 하나만 쓰면 '어디'이지만, de dónde는 '어디에서'라는 뜻이 됩니다. 즉, '어디에서 왔니?', '어디 출신이니?'를 뜻하는 문장입니다.

4. Eres muy bonita.　너 정말 예쁘다.

형용사 bonita는 '예쁜'이라는 외모를 나타내는 말로 본질적인 의미입니다. 따라서 muy(참)와 함께 '너 참(muy) 예쁘다'가 된 것입니다. 잘생긴 남자에게는 Eres muy bonito.라 말하면 되겠죠?

새로 나온 단어

hola 올라	안녕	**de** 데	~의
eres 에레스	ser(~이다)의 2인칭 단수형	**historia** 이스또리아	역사
argentino 아르헨띠노	아르헨티나 사람	**yo** 요	나
soy 쏘이	ser(~이다)의 1인칭 단수형	**también** 땀비엔	역시
chileno 칠레노	칠레 사람	**de** 데	~에서
estudiante 에스뚜디안떼	학생	**dónde** 돈데	어디(의문사)
profesor/profesora 쁘로페쏘르/쁘로페쏘라 선생님		**bonito/bonita** 보니또/보니따	예쁜, 잘생긴

주요표현

Tip

dónde와 같은 의문사들은 문장 맨 앞에 와야 합니다. 전치사와 함께 의문의 뜻을 지닐 때는 전치사를 의문사 앞에 둡니다.

Tip

출신은 'ser+de+국명'이나, 'ser+국민'의 두 가지 표현으로 나타낼 수 있습니다.

Tip

부정문은 동사 앞에 no를 붙이면 됩니다.

¿De dónde eres?
데 돈데 에레스
너 어디 출신이니?

Soy de Corea.
쏘이 데 꼬레아
나는 한국 출신이야.

Soy coreano.
쏘이 꼬레아노
나는 한국인이야.

¿Qué es él?
께 에스 엘
그의 직업은 뭐니?

Él es profesor.
엘 에스 쁘로페쏘르
그는 교수야.

Él no es estudiante.
엘 노 에스 에스뚜디안떼
그는 학생이 아니야.

Somos altos.
쏘모스 알또스
우리는 키가 크다.

No sois bonitos.
노 쏘이스 보니또스
너희는 잘생기지 않았다.

¿Cuánto es?
꽌또 에스
얼마예요?

Es un dolar.
에스 운 돌라르
1달러입니다.

Son cinco dólares.
쏜 씬꼬 돌라레스
5달러입니다.

Es caro.
에스 까로
비싸요.

No es barato.
노 에스 바라또
싸지 않아요.

¿Qué día es hoy?
께 디아 에스 오이
오늘은 무슨 요일입니까?

Hoy es martes.
오이 에스 마르떼스
오늘은 화요일입니다.

No es miércoles.
노 에스 미에르꼴레스
수요일이 아닙니다.

주요표현 단어

Corea 꼬레아	한국	
coreano 꼬레아노	한국의, 한국인	
qué 께	무엇	
profesor 쁘로페쏘르	선생님, 교사	
estudiante 에스뚜디안떼	학생	
alto 알또	키 큰	
bonito 보니또	잘생긴	
cuánto 꽌또	몇, 얼마	

dolar 돌라르	달러	
caro 까로	비싼	
barato 바라또	싼	
día 디아	날, 일	
hoy 오이	오늘	
martes 마르떼스	화요일	
miércoles 미에르꼴레스	수요일	

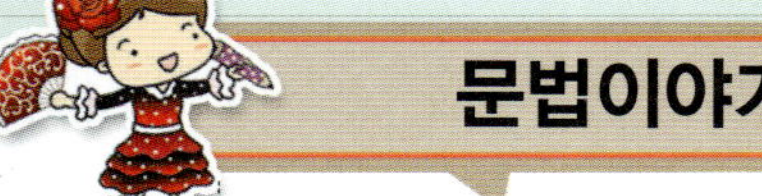

ser 동사의 용법

ser(~이다)는 주어의 본질, 즉 변하지 않는 성질이나 영원한 진리를 나타내는 동사입니다. 키가 크고 예쁘다든지 하는 외모, 성격, 성별, 직업 등을 나타냅니다. ser 동사의 직설법 현재형 변화는 다음과 같습니다.

인칭대명사	ser 동사	인칭대명사	ser 동사
yo 요 나	soy 쏘이	nosotros 노소뜨로스 우리	somos 쏘모스
tú 뚜 너	eres 에레스	vosotros 보소뜨로스 너희	sois 쏘이스
él 엘, ella 에야, usted 우스뗏 그, 그녀, 당신	es 에스	ellos 에요스, ellas 에야스, ustedes 우스떼데스 그들, 그녀들, 당신들	son 쏜

그럼 좀 더 자세히 ser 동사의 용법에 대해 알아보겠습니다.

1. ser는 형용사, 명사, 대명사와 함께 쓰여 주어의 본질을 나타냅니다.

   Ella **es** alta. 그녀는 키가 크다.

   Soy bonito. 나는 잘생겼다.

2. 변하지 않는 영원한 진리를 표현합니다.

   El hielo **es** frío. 얼음은 차갑다.

   La nieve **es** blanca. 눈은 하얗다.

3. 전치사 de와 함께 쓰여 소유, 출신, 재료 등을 나타내기도 합니다.

   El vino **es** de Cuba. 이 와인은 쿠바산이다.

   El libro **es** de María. 이 책은 마리아 것이다.

4. 시간, 때, 가격을 나타냅니다.

   ¿Qué hora **es**? 몇 시입니까?

   ¿Que día **es** hoy? 오늘이 며칠입니까?

   ¿Cuánto **es**? 얼마예요?

이제 부정문을 만들어 보겠습니다. 부정문 만들기는 아주 쉽습니다. 긍정문의 동사 바로 앞에 no를 붙이기만 하면 됩니다.

   Ella es guapa. 그녀는 예쁘다.

   ⇨ Ella **no** es guapa. 그녀는 예쁘지 않다.

1. 괄호 안에 ser 동사를 주어에 맞게 변화시켜 넣으세요.

1) ¿De dónde (   ) ellos? 그들은 어디 출신입니까?

2) Nosotros (   ) chilenos. 우리는 칠레 사람입니다.

3) La nieve (   ) blanca. 눈은 하얗다.

4) El chocolate (   ) de Italia. 이 초콜릿은 이탈리아 산이다.

5) Tú (   ) alta. 너는 키가 크다.

2. 다음을 스페인어로 작문해 보세요.

1) 후안과 카를로스는 어디 출신이니?

2) 우리는 한국에서 왔고 그녀는 스페인에서 왔어.

3) 너희는 학생들이니?

4) 이 와인은 아르헨티나 산이다.

3. 다음 문장들의 틀린 부분을 바르게 고치세요.

1) Ellos son alto.

2) Nosotros somos no estudiantes.

3) Ella es profesor.

4) Vosotros son bonitos.

5) Tú eres de coreano.

---

note

•de : ～의

•dónde : 어디

•nosotros : 우리

•chileno : 칠레 사람

•nieve : 눈

•blanco : 하얀

•chocolate : 초콜릿

•alto : 키 큰

•España : 스페인

•estudiante : 학생

•vino : 와인

•ellos : 그들

•profesor : 선생님

•coreano : 한국인

▶ 국가 이름

Corea del Sur 한국
꼬레아 델 수르

España 스페인
에스빠냐

Japón 일본
하뽄

China 중국
치나

Estados Unidos 미국
에스따도스 우니도스

Inglaterra 영국
잉글라떼라

Francia 프랑스
프란씨아

Rusia 러시아
루시아

Tailandia	따일란디아	태국	**Hungría**	웅그리아	헝가리
Alemania	알레마니아	독일	**Suiza**	수이싸	스위스
Suecia	스웨씨아	스웨덴	**Brasil**	브라실	브라질
Paraguay	빠라구아이	파라과이	**Colombia**	꼴롬비아	콜롬비아
Chile	칠레	칠레	**India**	인디아	인도
Cánada	까나다	캐나다	**Corea del Norte**	꼬레아 델 노르떼	북한
Malasia	말라시아	말레이시아	**Vietnam**	비엣남	베트남
Argentina	아르헨띠나	아르헨티나			

〈주요 도시명〉

Seúl	쎄울	서울	**Madrid**	마드리드	마드리드
Brasilia	브라실리아	브라질리아	**Nueva York**	누에바 욬	뉴욕
Estocolmo	에스또꼴모	스톡홀름	**Pekín**	뻬낀	북경
París	빠리스	파리	**Moscú**	모스꾸	모스크바
Lisboa	리스보아	리스본	**Copenhague**	꼬뻰아게	코펜하겐

타파스(tapas)

타파스는 애피타이저나 간식의 일종으로, 술과 간단히 먹는 안주를 의미하기도 합니다. 보통 올리브로 해산물을 조리하고 샤프란, 마늘, 칠리소스 등으로 간을 하지요. 한입에 쏙 넣을 수 있는 크기로 만들어 꼬치에 꽂거나, 조금씩 그릇에 담아 제공됩니다. 즉, 타파스는 어떤 특정 요리가 아니라 먹기 편하게 핑거푸드처럼 만든 음식을 통칭하여 이르는 말이지요.

타파스의 기원에 대해서는 여러 가지 설이 있습니다. 먼저 타파스의 어원인 'tapa'는 스페인어로 '뚜껑, 덮개'라는 뜻인데, 술잔에 벌레가 들어가는 것을 막으려고 빵으로 잔의 입구를 덮던 일에서 타파스가 시작되었다는 설이 있습니다. 그리고 오래전에 식당 주인들이 질이 나쁜 포도주를 내면서 치즈를 같이 제공해 포도주의 나쁜 향과 맛을 가리게 했다는 설도 있습니다.

스페인의 타파스 식당들은 지역 특산물 등을 이용해 독자적으로 메뉴를 개발합니다. 보통 전통적인 타파스 메뉴로는 한 컵에 내는 차가운 수프, 오징어링 튀김, 구운 새우, 자른 바게트 위에 토마토 등을 올린 요리 등이 있습니다.

¿Cómo voy hasta allí?

거기까지 어떻게 가면 되나요?

기본회화

Ana : **Perdone, ¿hay una panadería cerca de aquí?**
빼르도네　아이 우나 빠나데리아　쎄르까 데 아끼

Jiho : **Sí, está en la calle Salvador Dalí.**
씨 에스따 엔 라 까예　살바도르　달리

Está a la izquierda de la iglesia.
에스따 아 라 이쓰끼에르다　데 라 이글레시아

Ana : **¿Cómo voy hasta allí?**
꼬모　보이 아스따　아이

Jiho : **Sigues todo recto.**
씨게스　또도　렉또

Y luego giras en la calle Goya a la derecha.
이 루에고　히라스 엔 라 까예 고야　아 라 데레차

Ana : **Muchas gracias.**
무차스　그라시아스

Jiho : **De nada.**
데　나다

해석

아나 : 실례합니다. 이 근처에 빵집이 있나요?
지호 : 네, 살바도르 달리 길에 있어요.
　　　교회 옆이에요.
아나 : 어떻게 가면 되나요?
지호 : 쭉 가세요.
　　　그리고 고야 길에서 오른쪽으로 도세요.
아나 : 정말 감사합니다.
지호 : 천만에요.

기본회화 해설

1. ¿Hay una panadería cerca de aquí? 이 근처에 빵집이 있나요?

hay는 estar 동사와 함께 '존재'를 나타낼 때 씁니다. 두 단어의 가장 큰 차이는 estar는 정해진 것의 존재, hay는 정해지지 않은 것의 존재를 나타낼 때 쓴다는 것입니다. 따라서 hay 뒤에는 정관사나 고유명사가 올 수 없습니다. 몇 가지 예문을 볼까요?

Hay un libro sobre la mesa. 책상 위에 책 한 권이 있다.

Hay mucha gente en la calle. 길에 많은 사람들이 있다.

¿*Hay* Isabel en la casa? (X) 틀린 문장입니다. hay는 고유명사와 함께 쓸 수 없습니다.

2. Está a la izquierda de la iglesia. 교회 옆에 있어요.

estar 동사와 함께 주어의 위치를 나타낼 수 있습니다. 위치를 나타내는 표현을 알아볼까요?

encima de 엔씨마 데 / sobre 쏘브레 ~위에

dentro de 덴뜨로 데 ~안에

lejos de 레호스 데 ~에서 멀리

a la izquierda de 아 라 이쓰끼에르다 데 ~의 왼쪽에

a la derecha de 아 라 데레차 데 ~의 오른쪽에

debajo de 데바호 데 ~아래에

fuera de 푸에라 데 ~밖에

cerca de 쎄르까 데 ~에서 가까이

3. ¿Cómo voy hasta allí? 거기까지 어떻게 가면 되나요?

voy는 ir(가다)의 1인칭 단수형인데, 'voy a 장소'는 '나는 ~에 간다'는 표현이 됩니다. 교통수단을 이용하는 표현은 전치사 en과 함께 쓰면 됩니다.

en bicicleta 엔 비씨끌레따 자전거로

en barco 엔 바르꼬 배로

en tren 엔 뜨렌 기차로

en autobús 엔 아우또부스 버스로

'걸어서'라는 표현은 'a pie 아 삐에'를 씁니다.

새로 나온 단어

perdone	뻬르도네	실례합니다	**iglesia**	이글레시아	교회
hay	아이	~가 있다	**voy**	보이	ir(가다)의 1인칭 단수형
panadería	빠나데리아	빵집	**hasta**	아스따	~까지
cerca de	쎄르까 데	~에 가까이	**sigues**	씨게스	seguir(계속 ~하다)의 2인칭 단수형
calle	까예	길	**recto**	렉또	곧은
a la izquierda de	아 라 이쓰끼에르다 데	~의 왼쪽에	**giras**	히라스	girar(돌다)의 2인칭 단수형
			a la derecha	아 라 데레차	오른쪽으로

¿Dónde está la iglesia?
돈데　　에스따 라 이글레시아
교회는 어디에 있어요?

¿Dónde están las tiendas?
돈데　　에스딴　라스 띠엔다스
가게들은 어디에 있어요?

La oficina está cerca de aquí.
라　오피씨나 에스따 쎄르까　데　아끼
사무실은 여기서 가까워요.

La librería está lejos de aquí.
라　리브레리아 에스따 레호스 데　아끼
서점은 여기서 멀어요.

Está un poco lejos.
에스따 운　뽀꼬　　레호스
조금 멀어요.

El banco está enfrente de la cafetería.
엘 방꼬　　에스따 엔프렌떼　　데 라 까페떼리아
은행은 카페 앞에 있어요.

Tip
hay는 '～가 있다'라는 뜻인데, 정관사와는 함께 쓸 수 없습니다.

Hay un restaurante.
아이　운　레스따우란떼
레스토랑이 있어요.

Tip
'～km가 떨어져 있다'라고 할 때, 전치사 a와 함께 씁니다. 여기서 unos는 '대략'이라는 뜻입니다.

Está a unos dos kilómetros.
에스따 아 우노스　도스 낄로메뜨로스
2킬로미터 정도 거리예요.

La farmacia está en esta calle.
라 파르마씨아　에스따 엔 에스따 까예
약국은 이 거리에 있어요.

El cine está en la plaza.
엘 씨네　에스따 엔 라 쁠라싸
극장은 광장에 있어요.

La oficina de correos está en el centro de la plaza.
라 오피씨나 데 꼬레오스 에스따 엔 엘 쎈뜨로 데 라 쁠라싸
우체국은 광장 중앙어 있어요.

El hospital está a la izquierda de la escuela.
엘 오스삐딸 에스따 아 라 이쓰끼에르다 데 라 에스꾸엘라
병원은 학교 왼쪽에 있어요.

del은 de와 el이 합쳐진 것입니다.

La escuela está a la derecha del hospital.
라 에스꾸엘라 에스따 아 라 데레차 델 오스삐딸
학교는 병원 오른쪽에 있어요.

¿Cómo voy al museo?
꼬모 보이 알 무세오
박물관에 어떻게 가나요?

hasta는 '~까지'라는 뜻입니다.

¿Cómo voy hasta allí?
꼬모 보이 아스따 아이
거기까지 어떻게 가야 하나요?

'타다'라는 동사는 tomar를 씁니다.

Tomas el autobús.
또마스 엘 아우또부스
버스를 타세요.

주요표현 단어

dónde 돈데	어디	**farmacia** 파르마씨아	약국
tienda 띠엔다	가게	**esta** 에스따	(지시형용사) 이
oficina 오피씨나	사무실	**calle** 까예	길
aquí 아끼	여기	**cine** 씨네	극장
librería 리브레리아	서점	**plaza** 쁠라싸	광장
lejos de 레호스 데	~와 먼	**oficina de correos** 오피씨나 데 꼬레오스	우체국
banco 방꼬	은행	**centro** 쎈뜨로	중앙, 센터
enfrente de 엔프렌떼 데	~의 앞에	**hospital** 오스삐딸	병원
cafetería 까페떼리아	카페	**escuela** 에스꾸엘라	학교
restaurante 레스따우란떼	레스토랑	**voy** 보이	ir(가다)의 1인칭 단수형
unos 우노스	대략	**hasta** 아스따	~까지
dos 도스	2, 둘	**tomas** 또마스	tomar(타다)의 2인칭 단수형
kilómetro 낄로메뜨로	킬로미터	**autobús** 아우또부스	버스

estar 동사의 용법과 의문문

estar(있다) 동사에 대해 알아볼까요? estar 동사는 다음과 같이 변합니다.

인칭대명사	estar 동사	인칭대명사	estar 동사
yo (나)	estoy 에스또이	nosotros (우리)	estamos 에스따모스
tú (너)	estás 에스따스	vosotros (너희)	estáis 에스따이스
él, ella, usted (그, 그녀, 당신)	está 에스따	ellos, ellas, ustedes (그들, 그녀들, 당신들)	están 에스딴

그럼 이제 estar 동사의 용법에 대해 알아보겠습니다.

1. 주어의 위치를 나타냅니다.

España **está** en Europa. 스페인은 유럽에 있다.

Estoy en casa. 나는 집에 있다.

2. 형용사 또는 과거분사와 함께 써서 주어의 '변하는' 상태를 나타냅니다.

앞에서 배운 ser는 주어의 '변하지 않는' 상태를 나타냈던 점 기억하면서 다음 예문을 봅시다.

Estoy enfermo. 나는 아프다.

Ella **está** muy feliz. 그녀는 매우 행복하다.

그렇다면, '당신은 어떻게 지내세요?'는 어떻게 표현할까요? 의문사 cómo(어떻게)는 그대로 두고 동사만 usted에 해당하는 está로 바꿔주면 됩니다. 따라서 ¿Cómo está?가 되겠지요. '우리는 잘 지내요.'라고 답할 때는 Estamos bien.이라 하면 됩니다.

이제 의문문을 배워 볼까요? 의문사는 뒤에서 다루기로 하고 의문사 없는 의문문을 먼저 공부해 봅시다. 스페인어는 주어의 위치가 딱히 중요하지 않습니다. 의문문을 만들기 위해서는 주어와 동사의 위치를 바꾸기도 하고, 그냥 평서문을 의문문의 억양으로 나타내기도 합니다.

¿...? 이렇게 거꾸로 된 물음표를 보신 적 있으신가요? 먼저 스페인어에서 중요한 점은 물음표를 문장의 앞과 뒤에 반드시 붙여야 한다는 것입니다.

Soy guapa. 나는 예쁘다.

⇨ ¿Soy guapa? 나 예뻐?　　　¿Guapa soy? 나 예뻐?

평서문 끝에 ¿verdad?이나 ¿no?를 붙여 상대방의 동의를 구하기도 합니다.

Eres profesor, **¿verdad?** 넌 교사지, 맞지?

Él es muy guapo, **¿no?** 그는 진짜 잘생겼어, 안 그래?

1. 괄호 안에 estar와 hay 중 알맞은 동사를 넣으세요.

1) (   ) un libro en la mesa. 책상에 책 한 권이 있다.

2) (   ) los libros en la mesa. 책상에 그 책들이 있다.

3) (   ) el profesor en la escuela. 학교어 그 선생님이 있다.

4) (   ) unas rosas aquí. 여기 몇 송이의 장미가 있다.

5) Nosotros (   ) en Corea. 우리는 한국에 있다

2. 괄호 안에 알맞은 전치사를 넣으세요.

1) La iglesia está (   ) la izquierda (   ) la escuela.
교회는 학교 왼쪽에 있다.

2) ¿Cómo voy (   ) Seúl? 서울에 어떻게 갑니까?

3) Voy a Madrid (   ) tren. 나는 마드리드에 기차로 간다.

4) La panadería está cerca (   ) la escuela.
빵집은 학교 가까이에 있다.

5) La escuela está lejos (   ) la plaza. 학교는 광장에서 멀다.

3. 다음을 스페인어로 작문하세요.

1) 극장이 어디에 있나요?

2) 광장에 교회가 있나요?

3) 교회는 광장 중앙에 있어요.

4) 나는 자전거로 광장에 갑니다.

▶ 관공서 · 학교

escuela 학교
에스꾸엘라

oficina de correos 우체국
오피시나 데 꼬레오스

iglesia 교회
이글레시아

comisaría 경찰서
꼬미사리아

hospital 병원
오스삐딸

aeropuerto 공항
아에로뿌에르또

parque de bomberos
빠르께 데 봄베로스
소방서

puerto 항구
뿌에르또

kindergarten 낀데르가르뗀		유치원
biblioteca 비블리오떼까		도서관
banco 방꼬		은행
embajada 엠바하다		대사관
ayundamiento 아윤다미엔또		시청
corte 꼬르떼		법원
sala de emergencia 쌀라 데 에메르헨씨아		응급실
emisora 에미쏘라		방송국
estación del tren 에스따씨온 델 뜨렌		기차역
estación del metro 에스따씨온 델 메뜨로		지하철역
escuela primaria 에스꾸엘라 쁘리마리아		초등학교
escuela secundaria 에스꾸엘라 쎄꾼다리아		중학교
bachillerato 바치예라또		고등학교
universidad 우니베르시닷		대학교
posgrado 뽀스그라도		대학원

돈키호테(Don Quijote)

　이룰 수 없는 꿈을 꾸고, 이룰 수 없는 사랑을 하고, 이길 수 없는 적과 싸우고, 견딜 수 없는 고통을 견디며, 잡을 수 없는 별을 잡자. 참 멋진 말이지요? 『돈키호테』에 나오는 유명한 구절입니다. 『돈키호테』는 1605년 스페인 작가 세르반테스(Cervantes)가 쓴 소설입니다. 스페인 황금기의 대표적 문학작품이자 스페인 최초의 근대소설로 평가되지요.

　돈키호테는 현실을 생각지 않는 이상주의자로 긴 여정을 시작합니다. 뛰어난 기사도 정신으로 무장한 채 세상의 약자를 돕고 악을 무찌르겠다며 산초(Sancho)와 함께 모험의 길을 떠나지요. 길을 가던 중 풍차를 만나자 거인으로 착각해서 무작정 달려듭니다. 산초가 말리지만 돈키호테의 귀에는 그의 만류가 들리지 않지요. 풍차의 날개에 크게 다쳤는데도 거인의 속임수라고 우깁니다.

　마드리드의 스페인 광장(Plaza de España)에는 돈키호테와 산초의 동상이 세워져 있습니다. 많은 관광객들이 이 두 사람의 동상을 배경으로 사진을 찍기도 하지요. 이렇게 돈키호테는 동상, 인형, 엽서나 그림뿐 아니라 뮤지컬이나 연극의 주제로서 스페인 국민을 비롯하여 전 세계 사람들에게 꾸준히 사랑받고 있습니다.

¿Qué hora es?
몇 시예요?

기본회화

Juyeon : **¿Qué hora es?**
께　오라　에스

Francisco : **Son las siete y cuarto.**
쏜　라스 씨에떼 이 꽈르또

Juyeon : **¿A qué hora empiezas a trabajar?**
아 께　오라　엠삐에싸스　아 뜨라바하르

Francisco : **A las ocho en punto.**
아 라스 오초　엔　뿐또

Juyeon : **¿A qué hora cenas?**
아 께　오라　쎄나스

Francisco : **Ceno a las nueve más o menos.**
쎄노　아 라스 누에베　마스 오 메노스

Juyeon : **Después de cenar, ¿qué haces normalmente?**
데스뿌에스　데 쎄나르　께　아쎄스　노르말멘떼

Francisco : **Veo la televisión durante una hora.**
베오 라 뗄레비씨온　두란떼　우나 오라

해석

주연 :　　　　몇 시야?
프란시스코 : 7시 15분이야.
주연 :　　　　몇 시에 일을 시작하니?
프란시스코 : 8시 정각에.
주연 :　　　　몇 시에 저녁을 먹니?
프란시스코 : 9시 정도에 저녁을 먹어.
주연 :　　　　저녁 먹고 보통 뭐 하니?
프란시스코 : 한 시간 동안 텔레비전을 봐.

기본회화 해설

1. ¿Qué hora es?   몇 시입니까?

'지금'이라는 뜻의 ahora를 함께 사용해 ¿Qué hora es ahora?라고 하면 '지금 몇 시입니까?'라는 표현이 됩니다.

2. Son las siete y cuarto.   7시 15분입니다.

cuarto는 4분의 1을 나타내는 단어입니다. 따라서 '7시 45분입니다.'는 Son las siete y tres cuartos.라고 표현합니다. 물론 15에 해당하는 quince를 사용해, Son las siete y quince.라고 해도 됩니다.

3. ¿A qué hora cenas?   몇 시에 저녁을 먹니?

a qué hora는 '몇 시에'라는 표현입니다. 따라서 '7시에'라는 표현은 a las siete라고 대답하면 됩니다. 꼭 여성형 정관사 복수형 las와 함께 써야 합니다. '1시'라고 대답하려면 여성형 정관사 단수형태와 함께 a la una가 되겠지요.

4. Veo la televisión durante una hora.   텔레비전을 한 시간 동안 본다.

durante는 영어의 during, 즉 '~동안에'를 뜻하는 단어입니다. ver(보다)는 인칭에 따라 다음과 같은 형태변화를 합니다.

인칭대명사	동사변형	인칭대명사	동사변형
yo 요	veo 베오	nosotros 노소뜨로스	vemos 베모스
tú 뚜	ves 베스	vosotros 보소뜨로스	veis 베이스
él 엘 / ella 에야	ve 베	ellos 에요스 / ellas 에야스	ven 벤

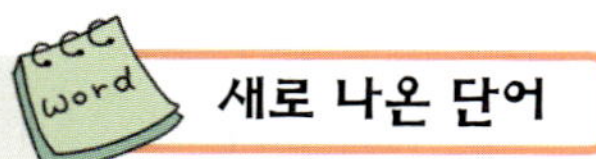

새로 나온 단어

hora 오라	시간	**más o menos** 마스 오 메노스	대략
siete 씨에떼	7, 일곱	**después de** 데스뿌에스 데	~이후에
cuarto 꽈르또	15분	**cenar** 쎄나르	저녁 먹다
empiezas 엠삐에싸스	empezar(시작하다)의 2인칭 단수형	**haces** 아쎄스	hacer(하다)의 2인칭 단수형
trabajar 뜨라바하르	일하다	**normalmente** 노르말멘떼	보통
ocho 오초	8, 여덟	**veo** 베오	ver(보다)의 1인칭 단수형
en punto 엔 뿐또	정각	**televisión** 뗄레비씨온	텔레비전
cenas 쎄나스	cenar(저녁 먹다)의 2인칭 단수형	**durante** 두란떼	~동안
ceno 쎄노	cenar(저녁 먹다)의 1인칭 단수형		

¿Qué hora es?
께 오라 에스
지금 몇 시인가요?

¿Qué hora tiene Ud.?
께 오라 띠에네 우스뗏
지금 몇 시인가요?

¿Tienes hora?
띠에네스 오라
지금 몇 시인가요?

Es la una.
에스 라 우나
1시입니다.

Son las doce.
쏜 라스 도쎄
12시입니다.

Es la una y cuarto.
에스 라 우나 이 꽈르또
1시 15분입니다.

Es la una de la tarde.
에스 라 우나 데 라 따르데
오후 1시입니다.

Son las doce menos cuarto.
쏜 라스 도쎄 메노스 꽈르또
12시 15분 전입니다.

Son las cinco menos diez.
쏜 라스 씬꼬 메노스 디에쓰
5시 10분 전입니다.

Son las dos en punto.
쏜 라스 도스 엔 뿐또
2시 정각입니다.

Tip

'지금 몇 시인지'를 묻는 표현은 이렇게 다양합니다.

Tip

시간 앞에는 정관사 la를 붙여줘야 합니다. hora(시간)을 받는다고 생각해서 여성 정관사가 옵니다.

Tip

앞 문장의 1시는 '하나', 즉 단수이므로 정관사 la를 붙여줬지만, 12시는 복수이므로 las를 붙여줘야 합니다.

Tip

'~분 전'이라는 표현은 menos를 써주면 됩니다.

Son las nueve de la mañana.
쏜   라스 누에베   데 라 마냐나
아침 9시입니다.

Son las siete y media.
쏜   라스 씨에떼 이 머디아
7시 반입니다.

¿A qué hora llega el metro?
아 께   오라   예가   엘 메뜨로
전철이 몇 시에 도착하나요?

La clase empieza a las cinco.
라 끌라쎄 엠삐에싸   아 라스 씬꼬
수업은 5시에 시작합니다.

Estudio durante una hora.
에스뚜디오 두란떼   우나 오라
한 시간 동안 공부합니다.

Son casi las seis.
쏜   까씨 라스 쎄이스
거의 6시입니다.

주요표현 단어

qué 께	무엇		**siete** 씨에떼	7, 일곱	
hora 오라	시간		**media** 메디아	반(半)	
tiene 띠에네	tener(가지다)의 3인칭 단수형		**llega** 예가	llegar(도착하다)의 3인칭 단수형	
tienes 띠에네스	tener(가지다)의 2인칭 단수형		**metro** 메뜨로	전철, 지하철	
una 우나	uno(하나)의 여성형		**clase** 끌라쎄	수업, 교실	
doce 도쎄	12, 열둘		**empieza** 엠삐에싸	empezar(시작하다)의 3인칭 단수형	
cuarto 꽈르또	15분		**cinco** 씬꼬	5, 다섯	
tarde 따르데	오후		**estudio** 에스뚜디오	estudiar(공부하다)의 1인칭 단수형	
diez 디에쓰	10, 열		**durante** 두란떼	~동안	
en punto 엔 뿐또	정각		**casi** 까씨	거의	
mañana 마냐나	아침		**seis** 쎄이스	6, 여섯	

소유형용사와 접속사 y, o

소유형용사도 다른 형용사들처럼 수식하는 명사와 수를 일치시켜 주어야 합니다. 먼저 소유형용사를 볼까요?

단수	복수
mi 미 나의	mis 미스 나의
tu 뚜 너의	tus 뚜스 너의
su 쑤 그의, 그녀의, 당신의	sus 쑤스 그의, 그녀의, 당신의
nuestro/nuestra 누에스뜨로/누에스뜨라 우리의	nuestros/nuestras 누에스뜨로스/누에스뜨라스 우리의
vuestro/vuestra 부에스뜨로/부에스뜨라 너희의	vuestros/vuestras 부에스뜨로스/부에스뜨라스 너희의
su 쑤 그들의, 그녀들의, 당신들의	sus 쑤스 그들의, 그녀들의, 당신들의

내 차는 mi coche, 내 차들은 mis coches가 되어 수를 일치시켜 줍니다. 여기서 잘 헷갈리는 것은 su와 sus인데, su coche는 '그의 차, 그녀의 차, 그들의 차, 그녀들의 차, 당신들의 차' 등등 다양한 의미를 가질 수 있습니다. sus coches 역시 '그의 차들, 그녀의 차들, 그들의 차들, 그녀들의 차들, 당신들의 차들'이 되지요. 따라서 의미가 혼동되지 않도록 전치사 de와 함께 의미를 확실하게 해줄 수도 있습니다.

su coche = el coche **de** él(**de** ella, **de** ellos 등)

1. 접속사 y는 '~와', '그리고'의 의미입니다. 영어의 and에 해당하는데, i나 hi로 시작되는 단어 앞에서는 음의 혼돈을 피하기 위해 e로 씁니다.

  padre **e** hijo 아빠와 아들   verano **e** invierno 여름과 겨울

2. 접속사 o는 '~이 아니면', '또는'의 의미입니다. 영어의 or에 해당합니다.

뒤에 나오는 단어가 o- 또는 ho-로 접속사와 같은 발음으로 시작하는 단어인 경우, u로 바꾸어 씁니다.

  siete **u** ocho 칠 또는 팔   flores **u** hojas 꽃 또는 잎

3. 다음의 형용사들은 남성 단수명사 앞에 쓰이는 경우 어미의 -o, -to, -de 등이 탈락합니다.

  uno(하나의), bueno(좋은), malo(나쁜), primero(첫번째의), alguno(어떤), grande(큰)

  un hombre 한 명의 남자   **un** **buen** profesor 좋은 선생님
  un **mal** día 나쁜 날   el **primer** chico 첫번째 남자
  algún día 어느 날   **un** **gran** edificio 큰 건물

1. "지금 몇 시야?"라는 물음에 다음 시각대로 답해 보세요.

1) 7시 30분이야.　　　2) 10시 15분 전이야.

3) 12시 정각이야.　　　4) 거의 9시야.

5) 1시야.

2. 다음을 스페인어로 작문하세요.

1) 나는 1시간 동안 일한다.

2) 너는 5시간 반 동안 춤을 춘다.

3) 우리는 2시간 동안 저녁을 먹는다.

4) 나는 저녁을 먹은 후에 공부를 한다.

3. 다음 문장을 해석하세요.

1) El tren llega a las once.

2) No veo la televisión por la tarde.

3) La clase empieza a las cinco y cuarto.

4) La película termina a las diez menos diez.

정답

1. 1) Son las siete y treinta.　2) Son las diez menos quince.　3) Son las doce en punto.　4) Casi son las nueve.　5) Es la una.　**2.** 1) Trabajo durante una hora.　2) Bailas durante cinco horas y media.　3) Cenamos durante dos horas.　4) Estudio después de cenar.　**3.** 1) 기차는 11시에 도착한다.　2) 나는 오후에 텔레비전을 보지 않는다.　3) 수업은 5시 15분에 시작한다.　4) 영화는 10시 10분 전에 끝난다.

▶ 숫자와 하루 중 때를 나타내는 단어

madrugada 새벽
마드루가다

mañana 아침
마냐나

tarde 오후
따르데

noche 밤
노체

mediodía 메디오디아 점심 때

❖ 숫자

0	**cero** 쎄로	
1	**uno** 우노	
2	**dos** 도스	
3	**tres** 뜨레스	
4	**cuatro** 꽈뜨로	
5	**cinco** 씬꼬	
6	**seis** 쎄이스	
7	**siete** 씨에떼	
8	**ocho** 오초	
9	**nueve** 누에베	
10	**diez** 디에쓰	
11	**once** 온쎄	
12	**doce** 도쎄	
13	**trece** 뜨레쎄	
14	**catorce** 까똘쎄	
15	**quince** 낀쎄	
16	**dieciséis** 디에씨쎄이스	
17	**diecisiete** 디에씨씨에떼	
18	**dieciocho** 디에씨오초	
19	**diecinueve** 디에씨누에베	
20	**veinte** 베인떼	

21	**veintiuno** 베인띠우노	
25	**veinticinco** 베인띠씬꼬	
30	**treinta** 뜨레인따	
31	**treinta y uno** 뜨레인따 이 우노	
35	**treinta y cinco** 뜨레인따 이 씬꼬	
40	**cuarenta** 꽈렌따	
41	**cuarenta y uno** 꽈렌따 이 우노	
50	**cincuenta** 씬꾸엔따	
51	**cincuenta y uno** 씬꾸엔따 이 우노	
60	**sesenta** 쎄쎈따	
61	**sesenta y uno** 쎄쎈따 이 우노	
70	**setenta** 쎄뗀따	
71	**setenta y uno** 쎄뗀따 이 우노	
80	**ochenta** 오첸따	
81	**ochenta y uno** 오첸따 이 우노	
90	**noventa** 노벤따	
91	**noventa y uno** 노벤따 이 우노	
100	**ciento** 씨엔또	
	(명사와 mil 앞에서) **cien** 씨엔	
1,000	**mil** 밀	
10,000	**diez mil** 디에스 밀	
100,000	**cien mil** 씨엔 밀	

투우

스페인에서 발달한 투우는 투우사가 잔뜩 화가 난 소에게 붉은 천을 흔들고 작살로 심장을 찌르는 식으로 진행됩니다. 주인공이 되는 투우사는 마타도르(matador)라고 하는데 '죽이는 사람'이라는 뜻입니다. 이 마타도르가 바로 성난 소를 죽이는 역할을 하는 사람입니다. 이외에 피카도르(picador)는 '찌르는 사람'이라는 뜻으로, 마타도르가 소를 죽이기 전에 창이나 작살로 소를 찔러 기운을 빼놓습니다.

전통적으로 스페인 사람들은 투우를 예술이라고 생각합니다. 화가 고야나 피카소는 투우를 그림의 모티브로 삼기도 했습니다. 미국 작가 헤밍웨이는 '목숨을 내놓고 하는 진짜 예술'이라며 투우를 예찬했습니다. 고야의 동판화 「투우」는 그의 대표작이고, 그는 투우를 소재로 한 판화 연작을 남깁니다. 미술사가들은 고야가 투우어 등장하는 성난 소, 땅에 쓰러져 피를 흘리거나 소의 뿔에 찔려 고통스러워하는 투우사 등을 통해 스페인의 사회적 혼란을 표현하려 했다고 평가합니다.

하지만 동물학대라는 비난도 커서, 스페인의 바스크나 카탈루냐 지방에서는 투우를 금지하기도 합니다. 유럽 전역에서 투우 반대운동이 일어나기도 했고, 스페인의 여론도 점점 투우가 동물학대라는 쪽으로 기울고 있습니다.

¿Qué fecha es hoy?
오늘은 며칠입니까?

기본회화

Minhye : **¿Qué día es hoy?**
께　　디아 에스 오이

Rodrigo : **Hoy es lunes.**
오이　　에스 루네스

Minhye : **¿Qué fecha es hoy?**
께　　페차　　에스 오이

Rodrigo : **Es 19 de marzo.**
에스 디에씨누에베 데 마르쏘

Minhye : **¿Cuándo es tu cumpleaños?**
꽌도　　　에스 뚜 꿈쁠레아뇨스

Rodrigo : **Es el primero de mayo.**
에스 엘 쁘리메로　　데　　마요

Minhye : **Tu cumpleaños es en la primavera.**
뚜　꿈쁠레아뇨스　　에스 엔　라　쁘리마베라

Rodrigo : **Sí. Siempre hace buen tiempo.**
씨　씨엠쁘레　　아쎄　부엔　띠엠뽀

해석

민혜 :　　오늘은 무슨 요일이니?
로드리고 : 오늘은 월요일이야.
민혜 :　　오늘은 며칠이니?
로드리고 : 오늘은 3월 19일이야.
민혜 :　　너의 생일은 언제니?
로드리고 : 5월 1일이야.
민혜 :　　너의 생일은 봄이구나.
로드리고 : 응. 항상 날씨가 좋아.

기본회화 해설

1. ¿Qué día es hoy? 오늘은 무슨 요일이니?

날짜와 함께 말할 때는 먼저 요일, 그 다음에 일, 월, 연도 순으로 씁니다. 우리나라의 어순과 반대입니다.

2. ¿Qué fecha es hoy? 오늘은 며칠이니?

요일을 묻는 표현과 헷갈리지 않도록 주의합니다. 날짜를 먼저 말하고, 그 다음에 달을 말합니다. 만약 1월 5일이라면 cinco de enero가 됩니다. 여기서 de는 '~의'라는 뜻입니다. 단 1일은 기수가 아닌 서수를 사용해 el primero라고 합니다.

3. Hace buen tiempo. 날씨가 좋다.

일반적으로 날씨를 표현할 때는 hacer 동사에 명사를 붙여 표현합니다. 비인칭 표현이므로 hacer의 3인칭 단수인 hace만 사용합니다.

> hace + calor 깔로르 덥다
> frio 프리오 춥다
> fresco 프레스꼬 선선하다
> sol 쏠 해가 나다
> viento 비엔또 바람이 불다
> buen tiempo 부엔 띠엠뽀 날씨가 좋다
> mal tiempo 말 띠엠뽀 날씨가 나쁘다

새로 나온 단어

qué 께	무슨	**tu** 뚜	너의(소유격)
día 디아	날	**cumpleaños** 꿈쁠레아뇨스	생일
hoy 오이	오늘	**primero** 쁘리메로	첫 번째의, 1일
lunes 루네스	월요일	**mayo** 마요	5월
fecha 페차	날짜	**primavera** 쁘리마베라	봄
marzo 마르쏘	3월	**siempre** 씨엠쁘레	항상
cuándo 꽌도	언제(의문사)	**hace buen tiempo** 아쎄 부엔 띠엠뽀	날씨가 좋다

¿Qué fecha es hoy?
께 페차 에스 오이
오늘은 며칠입니까?

¿A cómo estamos hoy?
아 꼬모 에스따모스 오이
오늘은 며칠입니까?

Es el catorce de febrero.
에스 엘 까또르쎄 데 페브레로
2월 14일입니다.

Estamos a catorce de febrero.
에스따모스 아 까또르쎄 데 페브레로
2월 14일입니다.

Hoy es el día de san Valentín.
오이 에스 엘 디아 데 싼 발렌띤
오늘은 발렌타인데이입니다.

Llego a Seúl el doce de febrero.
예고 아 쎄울 엘 도쎄 데 페브레로
2월 12일에 서울에 도착합니다.

> **Tip**
> '2월 12일에'라는 부사구는 따로 전치사를 써줄 필요가 없습니다.

¿Qué día es hoy?
께 디아 에스 오이
오늘은 무슨 요일입니까?

Hoy es lunes.
오이 에스 루네스
오늘은 월요일입니다.

> **Tip**
> voy는 ir(가다)의 1인칭 단수형입니다.

Voy a Busan el sábado.
보이 아 부산 엘 싸바도
토요일에 나는 부산에 갑니다.

> **Tip**
> todo는 '모든'이라는 뜻인데, todos los domingos를 직역하면 '모든 일요일', 즉 '매주 일요일'이라는 뜻이 됩니다.

Voy a la iglesia todos los domingos.
보이 아 라 이글레시아 또도스 로스 도밍고스
매주 일요일 나는 교회에 갑니다.

¿Qué tiempo hace hoy?
께 띠엠뽀 아쎄 오이
오늘 날씨가 어떻습니까?

Hace buen tiempo.
아쎄 부엔 띠엠뽀
날씨가 좋습니다.

Hace fresco.
아쎄 프레스꼬
선선합니다.

No hace sol.
노 아쎄 쏠
해가 없습니다.

Está nublado y hace viento.
에스따 누블라도 이 아쎄 비엔또
흐리고 바람이 붑니다.

Hace calor.
아쎄 깔로르
덥습니다.

word power 주요표현 단어

qué 께	무엇	**voy** 보이	ir(가다)의 1인칭 단수형
fecha 페차	날짜	**sábado** 싸바도	토요일
hoy 오이	오늘	**iglesia** 이글레시아	교회
catorce 까또르쎄	14, 열넷	**todos** 또도스	모두
febrero 페브레로	2월	**domingo** 도밍고	일요일
día de san Valentín 디아 데 싼 발렌띤		**tiempo** 띠엠뽀	날씨
	발렌타인데이	**fresco** 프레스꼬	선선한
llego 예고	llegar(도착하다)의 1인칭 단수형	**nublado** 누블라도	구름 낀, 흐린
Seúl 쎄울	서울	**viento** 비엔또	바람
hoy 오이	오늘	**calor** 깔로르	더위
lunes 루네스	월요일		

문법이야기

스페인어의 기수와 서수 표현

기수는 '1, 2, 3, 4…' 등을 말하고, 서수는 '순서'를 나타내는 '첫 번째, 두 번째, 세 번째…' 등을 가리킵니다.

● 기수

1	uno 우노	2	dos 도스
3	tres 뜨레스	4	cuatro 꽈뜨로
5	cinco 씬꼬	6	seis 쎄이스
7	siete 씨에떼	8	ocho 오초
9	nueve 누에베	10	diez 디에쓰

● 서수

첫 번째	primero 쁘리메로	두 번째	segundo 쎄군도
세 번째	tercero 떼르쎄로	네 번째	cuarto 꽈르또
다섯 번째	quinto 낀또	여섯 번째	sexto 쎅스또
일곱 번째	séptimo 쎕띠모	여덟 번째	octavo 옥따보
아홉 번째	noveno 노베노	열 번째	décimo 데씨모

그렇다면 '빨간 사과 10개'는 뭐라고 말할까요? '숫자＋명사＋형용사'의 순으로 diez manzanas rojas라고 하면 됩니다. rojo를 manzanas(여성명사, 복수)에 맞추어 rojas로 성, 수 변화를 해주는 것 잊지 마세요.

서수 역시 명사 앞에 나옵니다. 그렇다면 '열 번째 날'은 뭐라고 말할까요? el(정관사) décimo(열 번째) día(날)라고 하면 됩니다.

● 스페인어의 요일 표현

일요일	domingo 도밍고	월요일	lunes 루네스
화요일	martes 마르떼스	수요일	miércoles 미에르꼴레스
목요일	jueves 후에베스	금요일	viernes 비에르네스
토요일	sábado 싸바도		

매주 토요일은 뭐라고 할까요? todos los sabádos라고 하면 됩니다.

todo는 '모든'이라는 뜻입니다. 복수로 사용해 직역하면 '모든 토요일들'이 되겠지요.

연습문제

1. 다음 괄호 안에 알맞은 단어를 넣으세요.

1) ¿Qué (   ) es hoy? 오늘은 며칠입니까?

2) Mi cumpleaños es el diez (   ) mayo.
내 생일은 5월 10일입니다.

3) ¿Qué (   ) es hoy? 오늘은 무슨 요일입니까?

4) Hoy es (   ). 오늘은 수요일입니다.

2. 다음을 스페인어로 작문하세요.

1) 내 생일은 7월 1일입니다.

2) 나는 매주 일요일에 공부합니다.

3) 오늘은 8월 9일 목요일입니다.

4) 오늘은 춥습니다.

3. 다음을 해석하세요.

1) Hoy es el martes, es mi cumpleaños.

2) Siempre hace sol en España.

3) Pero hoy hace mucho frío.

4) ¿Dónde están los diez libros negros?

정답

1. 1) fecha 2) de 3) día 4) miércoles **2.** 1) Mi cumpleaños es el primero de julio. 2) Estudio todos los domingos. 3) Hoy es jueves, nueve de agosto. 4) Hace frío hoy. **3.** 1) 오늘은 화요일이고 내 생일입니다. 2) 스페인은 항상 날씨가 좋다. 3) 하지만 오늘은 춥다. 4) 까만 책들은 어디 있니?

▶ 날짜

1월	**enero** 에네로
2월	**febrero** 페브레로
3월	**marzo** 마르쏘
4월	**abril** 아브릴
5월	**mayo** 마요
6월	**junio** 후니오
7월	**julio** 훌리오
8월	**agosto** 아고스또
9월	**septiembre** 쎕띠엠브레
10월	**octubre** 옥뚜브레
11월	**noviembre** 노비엠브레
12월	**diciembre** 디씨엠브레

día 디아 일(日)

semana 쎄마나 주(週)

mes 메스 달, 월(月)

año 아뇨 년(年), 해

década 데까다 10년

siglo 씨글로 100년, 세기

anteayer 안떼아예르 그제

ayer 아예르 어제

hoy 오이 오늘

mañana 마냐나 내일

pasado mañana 빠싸도 마냐나 모레

semana pasada 쎄마나 빠싸다 지난주

esta semana 에스따 쎄마나 이번 주

próxima semana 쁘록씨마 쎄마나 다음 주

mes pasado 메스 빠싸도 지난달

este mes 에스떼 메스 이번 달

próximo mes 쁘록씨모 메스 다음 달

año antepasado 아뇨 안떼빠싸도 재작년

año pasado 아뇨 빠싸도 작년

este año 에스떼 아뇨 올해

próximo año 쁘록씨모 아뇨 내년

프리메라리가(Primera Liga)

스페인은 모든 국민들이 축구에 열광하는 것으로 유명하지요. 스페인의 프리메라리가는 영국의 프리미어리그, 이탈리아의 세리에A, 독일의 분데스리가와 함께 세계 4대 프로축구 리그 중 하나입니다. 20개의 클럽이 홈 앤 어웨이 방식으로 각각 38경기를 치르고, 이 중 승점이 가장 높은 클럽이 우승하게 됩니다. 레알 마드리드FC와 FC바르셀로나를 2강으로 꼽습니다.

프리메라리가와 세군다 디비시온(Segunda división) 간의 승강제가 존재해서, 정규 시즌 후에는 프리메라리가의 하위 3개 클럽이 세군다 디비시온으로 떨어지고, 세군다 디비시온의 상위 3개 클럽은 프리메라리가로 올라갑니다. 엘 클라시코(El Clásico)는 스페인 프리메라리가의 최대 라이벌, 레알 마드리드 팀과 FC바르셀로나의 경기를 일컫습니다. 전 세계적으로 엄청난 인기를 끌고 있는 축구 경기로 우리나라에도 많은 팬이 있지요.

여러분은 엘 클라시코가 열릴 때 FC바르셀로나 팬들이 '카탈루냐는 스페인이 아니다(Catalonia is not Spain)'라는 구호를 내거는 것을 보신 적이 있나요? 역사적으로 카탈루냐 지방 사람들은 여타 스페인 지방과 다른 정체성을 가지고 있다고 생각합니다. FC바르셀로나는 이러한 카탈루냐 주민의 염원이 투영된 팀입니다. 여전히 스페인 중앙정부가 카탈루냐의 공용어인 카탈란을 인정해야 하며, 독자적인 사법권을 보장해야 한다고 주장하지요. 이러한 역사적 배경 때문에 레알 마드리드 팀과 바르셀로나 팀은 언제나 치열한 경기를 펼칩니다.

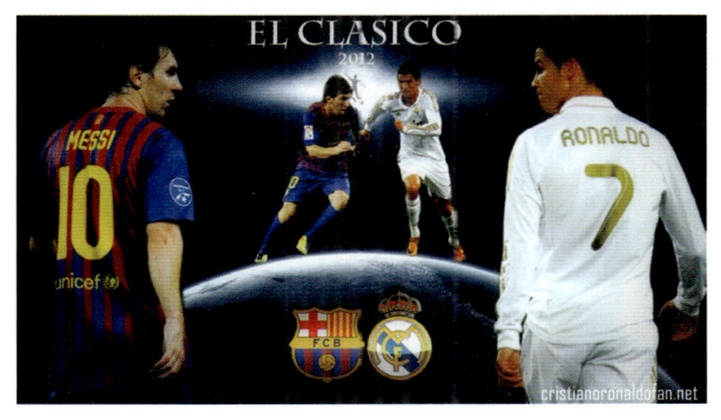

¿Estudias mucho el español?

스페인어를 열심히 공부하니?

기본회화

Sieun : **¿Estudias mucho el español?**
에스뚜디아스　무초　　　엘 에스빠뇰

Lo hablas muy bien.
로　아블라스　무이　비엔

Antonio : **Sí. Es muy interesante.**
씨　에스 무이　인떼레싼떼

Lo practico con mis amigos.
로　쁘락띠꼬　　꼰　미스 아미고스

Sieun : **¡Qué bien!**
께　　비엔

¿Cómo practicas?
꼬모　　쁘락띠까스

Antonio : **Leemos un libro en español juntos.**
레에모스　　운 리브로 엔 에스빠뇰　　훈또스

Y escuchamos las canciones de América Latina.
이 에스꾸차모스　　라스 깐씨오네스　데 아메리까　　라띠나

해석

시은 :　　스페인어를 열심히 공부하니?
　　　　　스페인어를 아주 잘한다.
안토니오 : 응. 스페인어는 아주 재밌어.
　　　　　친구들과 연습해.
시은 :　　잘됐다!
　　　　　어떻게 연습하는데?
안토니오 : 함께 스페인어로 된 책을 읽어.
　　　　　그리고 라틴아메리카 노래들을 들어.

1. ¿Estudias mucho el español? 너는 스페인어를 열심히 공부하니?

스페인어의 동사는 주어의 인칭과 수에 따라 변화하기 때문에 주어를 생략해도 전혀 문제가 되지 않습니다. 이 문장에서 'estudiar(공부하다)'라는 동사는 인칭과 수에 따라 다음과 같이 변합니다. 복잡해 보이지만 규칙이 있기 때문에 조금만 연습하면 금방 익힐 수 있습니다.

인칭(단수)	동사변형	인칭(복수)	동사변형
yo	estudio 에스뚜디오	nosotros	estudiamos 에스뚜디아모스
tú	estudias 에스뚜디아스	vosotros	estudiáis 에스뚜디아이스
él/ella/usted	estudia 에스뚜디아	ellos/ellas/ustedes	estudian 에스뚜디안

2. Lo practico con mis amigos. 그것을 친구들과 연습한다.

lo는 직접목적격인데 다음에 자세히 다루기로 하고, 일단 practicar(연습하다)를 인칭과 수에 따라 다음과 같이 변합니다.

인칭(단수)	동사변형	인칭(복수)	동사변형
yo	practico 쁘락띠꼬	nosotros	practicamos 쁘락띠까모스
tú	practicas 쁘락띠까스	vosotros	practicáis 쁘락띠까이스
él/ella/usted	practica 쁘락띠까	ellos/ellas/ustedes	practican 쁘락띠깐

3. Leemos un libro en español juntos. 함께 스페인어로 된 책을 읽는다.

en español은 '스페인어로'라는 부사입니다. 이와 같은 방식으로 en coreano는 '한국어로' 등의 표현을 만들 수 있습니다. leer의 뜻은 '읽다'인데, 인칭과 수에 따라 다음과 같이 변합니다.

인칭(단수)	동사변형	인칭(복수)	동사변형
yo	leo 레오	nosotros	leemos 레에모스
tú	lees 레에스	vosotros	leeís 레에이스
él/ella/usted	lee 레에	ellos/ellas/ustedes	leen 레엔

새로 나온 단어

español 에스빠뇰	스페인어	**en español** 엔 에스빠뇰	스페인어로
hablas 아블라스	hablar(말하다) 2인칭 단수형	**juntos** 훈또스	함께
muy 무이	매우	**escuchamos** 에스꾸차모스	escuchar(듣다) 1인칭 복수형
interesante 인떼레싼떼	흥미로운	**canciones** 깐씨오네스	canción(노래)의 복수
leemos 레에모스	leer(읽다) 1인칭 복수형	**América Latina** 아메리까 라띠나	라틴 아메리카

Él toca bien la guitarra.
엘 또까 비엔 라 기따라
그는 기타를 잘 칩니다.

Bailan bien la salsa.
바일란 비엔 라 쌀사
그들은 살사를 잘 춥니다.

Ellos compran libros.
에요스 꼼쁘란 리브로스
그들은 책들을 삽니다.

Estudiamos la matemática.
에스뚜디아모스 라 마떼마띠까
우리는 수학을 공부합니다.

Cantamos juntos.
깐따모스 훈또스
우리는 함께 노래합니다.

¿Qué comes?
께 꼬메스
너 뭐 먹니?

Venden manzanas.
벤덴 만싸나스
그들은 사과를 팝니다.

El bebé bebe leche.
엘 베베 베베 레체
아기가 우유를 마신다.

Los perros corren.
로스 뻬로스 꼬르렌
개들이 달립니다.

Aprendemos la historia.
아쁘렌데모스 라 이스또리아
우리는 역사를 배웁니다.

Tip

스페인어에서 띨데(´)는 매우 중요합니다. 띨데가 있는 bebé는 '아기'를 뜻하고, 띨데가 없는 bebe는 beber(마시다)의 3인칭 단수형입니다.

¿En dónde vives?
엔 돈데 비버스
너 어디 사니?

Vivo en Seúl.
비보 엔 쎄울
나는 서울에 살아.

Abren la puerta.
아브렌 라 뿌에르따
그들은 문을 엽니다.

Subimos a la montaña.
쑤비모스 아 라 몬따냐
우리는 산에 오른다.

Escribo la carta.
에스끄리보 라 까르따
나는 편지를 쓴다.

¿Cuándo partís para Argentina?
꽌도 빠르띠스 빠라 아르헨띠나
너희는 언제 아트헨티나로 떠나니?

주요표현 단어

toca 또까	tocar(치다, 만지다)의 3인칭 단수형	
guitarra 기따라	기타	
bailan 바일란	bailar(춤추다)의 3인칭 복수형	
salsa 쌀사	살사(춤)	
compran 꼼쁘란	comprar(사다)의 3인칭 복수형	
matemática 마떼마띠까	수학	
cantamos 깐따모스	cantar(노래하다)의 1인칭 복수형	
juntos 훈또스	함께	
comes 꼬메스	comer(먹다)의 2인칭 단수형	
venden 벤덴	vender(팔다)의 3인칭 복수형	
manzana 만싸나	사과	
bebé 베베	아기	
bebe 베베	beber(마시다)의 3인칭 단수형	
perro 뻬로	개	
corren 꼬르렌	correr(달리다)의 3인칭 복수형	
historia 이스또리아	역사	
dónde 돈데	어디(의문사)	
vives 비베스	vivir(살다)의 2인칭 단수형	
vivo 비보	vivir(살다)의 1인칭 단수형	
abren 아브렌	abrir(열다)의 3인칭 복수형	
puerta 뿌에르따	문	
subimos 쑤비모스	subir(오르다)의 1인칭 복수형	
montaña 몬따냐	산	
escribo 에스끄리보	escribir(쓰다)의 1인칭 단수형	
cuándo 꽌도	언제(의문사)	
partís 빠르띠스	partir(출발하다)의 2인칭 복수형	

스페인어의 규칙변화 동사

　스페인어의 동사는 인칭과 수에 따라 변화합니다. 따라서 동사만 봐도 주어가 뭔지 파악이 가능합니다. 3인칭인 경우 주어가 él(그)인지 ella(그녀)인지 헷갈릴 수 있으므로 주어를 써주는 편이지만, 문맥에서 주어를 파악할 수 있다면 생략해 주는 것이 좋습니다. 주어는 생략이 가능할 뿐만 아니라 동사의 앞뒤 어디에나 쓸 수 있는데, 생략하는 경우가 아니라면 보통 동사의 앞에 써줍니다.

1. 어미가 -ar로 끝나는 규칙변화 동사 : 어미 -ar를 인칭과 수에 맞게 변화시켜 주면 됩니다. 다음은 hablar(말하다)의 직설법 현재형입니다.

인칭	단수	복수
1인칭	hablo 아블로	hablamos 아블라모스
2인칭	hablas 아블라스	habláis 아블라이스
3인칭	habla 아블라	halan 아블란

다음 동사들은 hablar 동사와 같은 변화를 하는 '제 1변화' 규칙동사들입니다.
　• cantar 노래하다 / bailar 춤추다 / comprar 사다 / estudiar 공부하다 / visitar 방문하다

2. 어미가 -er로 끝나는 규칙변화 동사 : 다음은 comer(먹다)의 직설법 현재형입니다.

인칭	단수	복수
1인칭	como 꼬모	comemos 꼬메모스
2인칭	comes 꼬메스	coméis 꼬메이스
3인칭	come 꼬메	comen 꼬멘

다음 동사들은 comer 동사와 같은 '제 2변화' 규칙동사들입니다.
　• vender 팔다 / beber 마시다 / aprender 배우다 / comprender 이해하다

3. 어미가 -ir로 끝나는 규칙변화 동사 : 다음은 vivir(살다)의 직설법 현재형입니다.

인칭	단수	복수
1인칭	vivo 비보	vivimos 비비모스
2인칭	vives 비베스	vivís 비비스
3인칭	vive 비베	viven 비벤

다음 동사들은 vivir 동사와 같은 '제 3변화' 규칙동사들입니다.
　• abrir 열다 / escribir 쓰다 / subir 오르다 / partir 출발하다

1. 규칙동사의 직설법 현재형 변화에 맞게 표를 채우세요.

1) estudiar

인칭	단수	복수
1인칭	estudio	
2인칭		estudiáis
3인칭	estudia	

•estudiar : 공부하다

2) aprender

인칭	단수	복수
1인칭		aprendemos
2인칭	aprendes	
3인칭		aprenden

•aprender : 배우다

3) partir

인칭	단수	복수
1인칭	parto	
2인칭	partes	
3인칭	parte	

•partir : 출발하다

2. 괄호 안에 알맞은 동사 형태를 쓰세요.

1) Ustedes (　　　) una naranja. [comer : 먹다]
→ 당신들은 오렌지를 먹는다.

2) Nosotros (　　　) una manzana. [comprar : 사다]
→ 우리는 사과를 산다.

3) Él (　　　) en la universidad. [estudiar : 공부하다]
→ 그는 대학교에서 공부한다.

4) Vosotros (　　　) en Seúl. [vivir : 살다]
→ 너희는 서울에 산다.

•naranja : 오렌지

•manzana : 사과

•universidad : 대학

3. 다음을 스페인어로 작문하세요.

1) 그들은 편지를 쓴다.　　→ (　　　) escriben una carta.
2) 우리는 차를 판다.　　→ (　　　) vendemos un coche.
3) 너는 노래를 부른다.　　→ (　　　) car.tas.

•escribir : 쓰다

•carta : 편지

•vender : 팔다

•cantar : 노래하다

정답

1. 1) estudiamos / estudias / estudian　2) aprendo / aprendéis / aprende　3) partimos / partís / parten
2. 1) comen　2) compramos　3) estudia　4) vivís　**3.** 1) Ellos　2) Nosotros　3) Tú

▶ **날씨 · 계절**

sol 해
쏠

luna 달
루나

estrella 별
에스뜨레야

nube 구름
누베

lluvia 비
유비아

relámpago 번개
렐람빠고

viento 바람
비엔또

nieve 눈
니에베

pronóstico del tiempo 일기예보
쁘로노스띠꼬 델 띠엠뽀

tiempo 띠엠뽀 날씨

temperatura 뗌뻬라뚜라 기온, 온도

rocío 로씨오 이슬

chaparrón 차빠론 소나기, 폭우

inundación 인운다씨온 홍수

tifón 띠폰 태풍

granizo 그라니쏘 우박

claro 끌라로 맑은

turbio 뚜르비오 흐린

fresco 프레스꼬 시원한

caluroso 깔루로쏘 따뜻한

frío 프리오 추위

calor 깔로르 더위

primavera 쁘리마베라 봄

verano 베라노 여름

otoño 오또뇨 가을

invierno 인비에르노 겨울

temporada de lluvias 뗌뽀라다 데 유비아스 우기

temporada seca 뗌뽀라다 쎄까 건기

niebla 니에블라 안개

llovizna 요비쓰나 이슬비

trueno 뜨루에노 천둥

hielo 이엘로 얼음

humedad 우메닷 습기

maremoto 마레모또 해일

huracán 우라깐 허리케인

토마토 축제

　토마티나(La Tomatina)는 스페인 발렌시아 지방의 작은 도시 부뇰(Buñol)에서 8월 마지막 수요일에 열리는 '토마토 축제'입니다. 전 세계 사람들이 이 작은 도시로 몰려와 서로에게 빨간 토마토를 던져대곤 합니다. 부상의 위험 때문에 반드시 토마토를 으깨서 던져야 한다는 규칙이 있고, 카메라는 토마토의 표적이 될 수 있으니 가져가지 말 것을 권합니다.

　토마토 물이 들어도 상관없는 낡은 옷과 물안경 등을 준비해 모이는데, '토마토 전쟁'을 벌이다 보면 옷이 찢어질 수도 있기 때문에 안에 수영복을 입고 가는 것이 좋습니다. 장대에 달아놓은 하몽을 따는 것으로 축제가 시작됩니다. 그러면 누군가 '토마테'라 외치고 비로소 여러 대의 트럭이 엄청난 양의 토마토를 사람들에게 나눠주죠.

　이 토마토 축제는 1944년 토마토 값이 폭락해 화가 난 농민들이 시의원들을 향해 토마토를 던지면서 시작되었다고 합니다. '토마티나'는 지역 특산물인 토마토를 단순히 판매하거나 전시하는 데 그치지 않고 이야기가 있는 축제로 승화시켰다는 데 큰 의미가 있습니다. 이 토마티나 축제 덕분에 부뇰이라는 작은 마을은 세계적인 여행지로 성장할 수 있었고, 지역 주민들 역시 자신들의 정체성을 굳건히 할 수 있었습니다.

기본회화

Jiyun : **¿Tienes hambre?**
띠에네스 암브레

Luis : **Sí. Tengo mucha hambre. ¿Tienes huevos?**
씨 뗑고 무차 암브레 띠에네스 우에보스

Jiyun : **Sí. Tengo tres huevos. ¿Quieres?**
씨 뗑고 뜨레스 우에보스 끼에레스

Luis : **Sí. Quiero hacer una tortilla.**
씨 끼에로 아쎄르 우나 또르띠야

¿Tienes leche también?
띠에네스 레체 땀비엔

Jiyun : **Yo no tengo.**
요 노 뗑고

Pero creo que Jisu tiene.
뻬로 끄레오 께 지수 띠에네

Luis : **Sí, entonces voy a preguntarle.**
씨 엔똔쎄스 보이 아 쁘레군따를레

해석

지윤 : 배고프니?

루이스 : 응. 아주 배고파. 달걀 있니?

지윤 : 응. 달걀 세 개 있어. 원하니?

루이스 : 응. 오믈렛 만들려고.
너 우유도 있니?

지윤 : 아니, 난 없어.
하지만 내 생각에 지수는 있는 거 같아.

루이스 : 응, 그럼 내가 그녀에게 물어볼게.

1. ¿Tienes hambre?   너 배고프니?

tener는 불규칙동사로 '가지다'라는 뜻입니다. 변화형을 볼까요?

1인칭	tengo 뗑고	tenemos 떼네모스
2인칭	tienes 띠에네스	tenéis 떼네이스
3인칭	tiene 띠에네	tienen 띠에넨

몇 가지 예문을 봅시다.

¿Cuántos libros *tienes*? 너는 몇 권의 책을 가지고 있니?

Tengo dos libros. 나는 책 두 권이 있어.

No *tenemos* nada. 우리는 아무것도 가지고 있지 않다.

tener의 다른 용법에 대해서도 알아보겠습니다.

tener+que+동사원형 : ~를 해야만 한다

Tengo que ir ahora. 나는 지금 가야만 해.

Tienes que estudiar mucho. 너는 공부를 열심히 해야 한다.

Tenemos que hacer tarea. 우리는 숙제를 해야 한다.

2. Quiero hacer una tortilla.   나는 오믈렛을 만들고 싶어.

querer 역시 불규칙동사로 '~하고 싶다'라는 뜻입니다.

1인칭	quiero 끼에로	queremos 께레모스
2인칭	quieres 끼에레스	queréis 께레이스
3인칭	quiere 끼에레	quieren 끼에렌

querer 동사 변형 뒤에 바로 동사원형을 붙여주면 되는데, 다음 예문을 통해 알아봅시다.

Quiero bailar ahora. 나는 지금 춤을 추고 싶다.

Queremos comer el chocolate. 우리는 초콜릿을 먹고 싶다.

¿*Quieres* ir conmigo? 너 나와 함께 가고 싶니?

새로 나온 단어

tienes 띠에네스	tener(가지다)의 2인칭 단수형	**quieres** 끼에레스 querer(원하다)의 2인칭 단수형
tengo 뗑고	tener(가지다)의 1인칭 단수형	**quiero** 끼에로 querer(원하다)의 1인칭 단수형
hambre 암브레	배고픔	**hacer** 아쎄르 하다
huevo 우에보	달걀	**tortilla** 또르띠야 오믈렛
tres 뜨레스	3, 셋	**leche** 레체 우유

¿Tienes mucho frío?
띠에네스 무초 프리오
너 많이 춥니?

Sí, tengo mucho frío.
씨 뗑고 무초 프리오
응, 많이 추워.

¿Cuántos años tienes?
꽌또스 아뇨스 띠에네스
몇 살이니?

Tengo veinte años.
뗑고 베인떼 아뇨스
스무 살이야.

¿Tienes un diccionario?
띠에네스 운 딕씨오나리오
너 사전 있니?

No tengo nada.
노 뗑고 나다
난 아무것도 없어.

No tenemos que dormir aquí.
노 떼네모스 께 도르미르 아끼
우리는 여기서 자면 안 돼.

¿Qué queréis hacer?
께 께레이스 아쎄르
너희는 뭐 하고 싶니?

Queremos ir a la montaña.
께레모스 이르 아 라 몬따냐
우리는 산에 가고 싶어.

No quiero estudiar ahora.
노 끼에로 에스뚜디아르 아오라
나는 지금 공부하고 싶지 않아.

Voy a comprar manzanas en el mercado.
보이 아 꼼쁘라르 만싸-나스 엔 엘 메르까도
나는 시장에서 사과를 살 거야.

¿Qué vas a hacer en el futuro?
께 바스 아 아쎄르 엔 엘 프뚜로
너는 미래에 뭘 하고 싶니?

Voy a ser abogado.
보이 아 쎄르 아보가도
나는 변호사가 될 거야.

Quiero ser abogado.
끼에로 쎄르 아보가도
나는 변호사가 되고 싶어.

Vamos a España.
바모스 아 에스빠냐
스페인에 가자.

Vamos a ir a España.
바모스 아 이르 아 에스빠냐
우리는 스페인에 갈 것이다.

word power 주요표현 단어

mucho 무초	많은	**montaña** 몬따냐	산
frío 프리오	추위, 추운	**estudiar** 에스뚜디아르	공부하다
cuánto 꽌또	얼마, 몇	**ahora** 아오라	지금
año 아뇨	년, 해	**comprar** 꼼쁘라르	사다
veinte 베인떼	20	**ahora** 가오라	지금
diccionario 딕씨오나리오	사전	**manzana** 만싸나	사과
nada 나다	아무것도(영어의 nothing)	**futuro** 푸뚜로	미래
dormir 도르미르	자다	**abogado** 아보가도	변호사
aquí 아끼	여기	**España** 에스빠냐	스페인
hacer 아쎄르	하다		

불규칙동사 ir와 감탄문

불규칙동사 ir(가다, 오다)에 대해 알아볼까요? ir의 직설법 현재형은 다음과 같이 변합니다.

인칭	단수	복수
1인칭	voy 보이	vamos 바모스
2인칭	vas 바스	vais 바이스
3인칭	va 바	van 반

1. ir 동사 다음에 '장소'를 나타내는 명사가 나오면 반드시 전치사 a(~로)와 함께 써야 합니다. 단, 전치사 a와 정관사 el이 함께 쓰이면 al이 됩니다.

   Vas a la iglesia todos los domingos. 너는 매주 일요일 교회에 간다.

   Voy al mercado todos los días. 나는 매일 시장에 간다.

2. 'ir a + 동사원형'은 '~을 하려고 한다'라는 단순미래를 나타냅니다.

   ¿Qué **vas a** hacer mañana? 너는 내일 뭐 할 거니?

   Voy a dormir temprano. 나는 일찍 잘 것이다.

3. 'vamos a + 동사원형'은 '~를 하자'라는 제안의 뜻이 있습니다.

   Vamos a comer. 밥 먹자.

   Vamos a aprender español. 스페인어를 배우자.

● 감탄문

이번에는 간단한 감탄문을 만들어 볼까요? 감탄문도 의문문처럼 느낌표(¡, !)를 문장의 앞뒤로 찍어줘야 합니다. 가장 기본적인 감탄문의 구성은 '¡Qué+명사+tan/más+형용사!'입니다. 예문을 통해 알아볼까요?

   ¡Qué libro **tan** interesante! 정말 재미있는 책이구나!

   ¡Qué pan **tan** rico! 정말 맛있는 빵이구나!

이외에 다른 형태의 감탄문을 알아볼까요?
'¡Qué+형용사+동사+명사!'의 형태입니다. 다음 예문을 봅시다.

   ¡Qué inteligente es este niño! 이 아이는 얼마나 똑똑한가!

   ¡Qué interesante es el español! 스페인어는 얼마나 재미있는가!

1. 감탄문을 만들어 보세요.

1) 고양이는 얼마나 똑똑한가!

2) 수학은 얼마나 쉬운가!

3) 맛있어!

•gato : 고양이
•fácil : 쉬운
•matemática : 수학
•rico : 맛있는

2. 다음을 해석해 보세요.

1) Quiero ir a la escuela.
2) Queremos ser profesores.
3) No voy a la iglesia.
4) No voy a ir a la iglesia.
5) Tenemos que trabajar mucho en la empresa.

•escuela : 학교
•iglesia : 교회
•trabajar : 일하다
•empresa : 회사

3. 다음을 스페인어로 작문하세요.

1) 너희는 나와 함께 춤추고 싶니?

2) 우리는 장미 두 송이를 가지고 있다.

3) 너는 일찍 자야 한다.

4) 나는 지금 공부해야 해.

•bailar : 춤추다
•conmigo : 나와 함께
•rosa : 장미
•temprano : 일찍
•ahora : 지금

▶ 취미

ver la película
베르 라 뻴리꿀라
영화 감상하다

escuchar la música
에스꾸차르 라 무시까
음악 감상하다

leer el libro 독서하다
레에르 엘 리브로

nadar 수영하다
나다르

esquiar 스키 타다
에스끼아르

pescar 낚시하다
뻬스까르

subir a la montaña
쑤비르 아 라 몬따냐
등산하다

pintar 그림 그리다
삔따르

cocinar 꼬씨나르 요리하다	**ir de compras** 이르 데 꼼쁘라스 쇼핑하다
cantar 깐따르 노래하다	**tomar las fotos** 또마르 라스 포또스 사진 찍다
jugar 후가르 운동하다, 게임하다	**conducir** 꼰두씨르 운전하다
ver el drama 베르 엘 드라마 연극 보다	**bailar** 바일라르 춤추다
colectar 꼴렉따르 수집하다	**viajar** 비아하르 여행하다
hacer la búsqueda en el internet 아쎄르 라 부스께다 엔 엘 인떼르넷 인터넷 서핑하다	

deporte 데뽀르떼 스포츠

fútbol 풋볼 축구	**volibol** 볼리볼 배구
pimpón 삠뽄 탁구	**billar** 비야르 당구
badminton 바드민똔 배드민턴	**baloncesto** 발론쎄스또 농구
béisbol 베이스볼 야구	**golf** 골프 골프
tenís 떼니스 테니스	**lucha** 루차 레슬링

가우디(Gaudi)

　가우디 성당으로 잘 알려진 '사그라다 파밀리아(Sagrada Familia)' 성당은 스페인의 바르셀로나에 있습니다. 유명한 천재 건축가 안토니오 가우디의 미완성 대작으로 남은 이 성당은 아직까지도 계속 건설 중입니다. 건설 자금은 오직 후원자들의 후원금단으로 충당됩니다. 그래서 언제쯤 완성된 이 성당의 모습을 볼 수 있을지는 아무도 모릅니다.

　디아고날(Diagonal) 전철역에서 조금 나오면 아파트 한 채가 있는데, 바로 카사 밀라(Casa Mila)입니다. 가우디의 초기 건축물인 카사 밀라는 파도치듯 구불구불한 벽면, 깊은 동굴과 같은 입구 등을 보면 아파트가 아니라 예술작품 같다는 느낌을 받을 겁니다. 카사 밀라의 난간은 추상적으로 꼬여 있기도 하고 구불구불한 벽면에서 갑자기 다락방 창문이 등장하기도 합니다.

　구엘(Güell) 공원 역시 가우디의 천재성이 잘 드러나 있습니다. 초현실적이고 동화적인 곳으로 가우디만의 모자이크로 장식된 건물과 자연이 잘 어우러져 있지요. 가우디는 직선보다는 곡선을 위주로 건물을 짓고, 형형색색의 모자이크 장식으로 공원을 꾸몄습니다. 수많은 사람들이 부조화 속에서도 조화를 추구한 가우디 공원을 찾지요.

La primavera empieza.
봄이 오나 봐.

기본회화

Hojun : **¿Qué haces por las tardes?**
께 아쎄스 뽀르 라스 따르데스

Dalia : **Hago la tarea de español.**
아고 라 따레아 데 에스빠뇰

Hojun : **Hoy es un buen día.**
오이 에스 운 부엔 디아

Empieza a florecer.
엠삐에싸 아 플로레쎄르

¿Quieres pasear conmigo?
끼에레스 빠쎄아르 꼰미고

Dalia : **No, prefiero estudiar a pasear.**
노 쁘레피에로 에스뚜디아르 아 빠쎄아르

Porque tengo tres exámenes en la próxima semana.
뽀르께 뗑고 뜨레스 엑싸메네스 엔 라 쁘록씨마 쎄마나

Hojun : **Pues, vamos a estudiar juntos.**
뿌에스 바모스 아 에스뚜디아르 훈또스

호준 : 오후에 뭐 해?
달리아 : 스페인어 숙제 해.
호준 : 오늘 날씨가 좋네.
꽃이 피기 시작해.
나랑 같이 산책하러 갈래?
달리아 : 아니, 난 공부하는 게 산책하는 것보다 좋아.
왜냐하면 다음 주에 시험이 세 개나 있어.
호준 : 그럼 같이 공부하자.

1. Hago la tarea de español. 스페인어 숙제 해.

대표적인 불규칙동사 hacer(~하다)의 용법에 대해 알아볼까요? hacer는 다음과 같이 변합니다.

1인칭	hago 아고	hacemos 아쎄모스
2인칭	haces 아쎄스	hacéis 아쎄이스
3인칭	hace 아쎄	hacen 가쎈

2. Empieza a florecer. 꽃이 피기 시작한다.

empezar는 '시작하다'라는 뜻의 불규칙동사입니다. 다음과 같이 변합니다.

1인칭	empiezo 엠삐에쏘	empezamos 엠뻬싸모스
2인칭	empiezas 엠삐에싸스	empezáis 엠뻬싸이스
3인칭	empieza 엠삐에싸	empiezan 엠삐데싼

empezar처럼 변하는 동사에는 comenzar(시작하다), pensar(생각하다), cerrar(닫다), confesar(고백하다) 등이 있습니다.

3. Prefiero estudiar a pasear. 난 공부하는 게 산책하는 것보다 좋아.

preferir는 '~를 선호하다'라는 뜻인데, 전치사 a와 함께 써서 preferir A a B, 즉 'B보다 A를 선호하다'라는 뜻이 됩니다.

1인칭	prefiero 쁘레피에로	preferimos 쁘레게리모스
2인칭	prefieres 쁘레피에레스	preferís 쁘레페리스
3인칭	prefiere 쁘레피에레	prefieren 쁘레피데렌

preferir처럼 변하는 동사에는 mentir(거짓말하다), advertir(경고하다), consentir(동의하다) 등이 있습니다.

por la tarde 뽀르 라 따르데	오후에	**estudiar** 에스뚜디아르	공부하다
tarea 따레아	숙제	**porque** 뽀르께	왜냐하면
español 에스빠뇰	스페인어	**tres** 뜨레스	3, 셋
empieza 엠삐에싸	empezar(시작하다)의 3인칭 단수형	**examen** 엑싸멘	시험
		próxima/próximo 쁘록씨마/쁘록씨모	다음의
florecer 플로레쎄르	꽃이 피다	**semana** 쎄마나	주
pasear 빠쎄아르	산책하다	**pues** 뿌에스	(문장 앞에서) 그럼
conmigo 꼰미고	나와 함께	**juntos** 훈또스	함께

주요표현

¿Puedes hablar inglés?
뿌에데스　아블라르　잉글레스
너 영어 할 줄 아니?

¿Podemos fumar aquí?
뽀데모스　푸마르　아끼
여기서 담배 피워도 됩니까?

Puedo ir contigo hasta el fin del mundo.
뿌에도　이르 꼰띠고　아스따　엘핀 델 문도
나는 너와 함께 세상 끝까지 갈 수 있어.

Aquí podéis hablar en voz alta.
아끼　뽀데이스 아블라르　엔　보쓰 알따
여기서 너희들은 큰 소리로 말해도 돼.

¿Cuál prefieres entre esto y eso?
꽐　쁘레피에레스　엔뜨레 에스또 이 에소
이것과 그것 중에 어떤 걸 더 좋아하니?

Prefiero la naranja a la manzana.
쁘레피에로　라 나란하　아 라 만싸나
나는 사과보다 오렌지가 더 좋다.

¿Qué piensas?
께　삐엔싸스
어떻게 생각해?

Pienso que este anillo es caro.
삐엔소　께　에스떼 아니요　에스 까로
나는 이 반지가 비싸다고 생각해.

¿En qué piensas?
엔　께　삐엔싸스
뭐 생각해?

Pienso en ti.
삐엔소　엔 띠
너를 생각해.

poder+동사원형 : ~을 할 수
있다
· 1인칭
　puedo 뿌에도
　podemos 뽀데모스
· 2인칭
　puedes 뿌에데스
　podéis 뽀데이스
· 3인칭
　puede 뿌에데
　pueden 뿌에덴

'어떤 대상에 대해 생각하다'라
는 표현은, 전치사 en과 같이 써
줍니다.

전치사 뒤에는 전치격 대명사가
옵니다.

Tengo preguntas.
떼고 쁘레군따스
나는 질문이 있다.

Hago preguntas a mi profesor.
아고 쁘레군따스 아 미 쁘로페쏘르
나는 교수님께 질문을 한다.

Tengo que hacer preguntas hoy.
떼고 께 아쎄르 프레군다스 오이
오늘 나는 질문을 해야 한다.

¿Por qué no comienza la película?
뽀르 께 노 꼬미엔싸 라 뻴리꿀라
왜 영화가 시작하지 않지?

Mi hermano siempre no cierra la puerta.
미 에르마노 씨엠쁘레 노 씨에라 라 뿌에르따
내 동생은 항상 문을 닫지 않는다.

Ellos mienten que son inocentes.
에요스 미엔뗀 께 쏜 이노쎈떼스
그들은 자신들이 무죄라고 거짓말을 한다.

주요표현 단어

inglés 잉글레스	영어	**anillo** 아니요	반지
fumar 푸마르	흡연하다	**caro** 까로	비싼
hasta 아스따	～까지, ～하면서	**pregunta** 쁘레군따	질문
fin 핀	끝	**película** 뻴리꿀라	영화
mundo 문도	세계	**hermano** 에르마노	형, 동생
en voz alta 엔 보쓰 알따	큰 목소리로	**siempre** 씨엠쁘레	항상
entre 엔뜨레	～사이에, ～중에	**puerta** 뿌에르따	문
esto 에스또	이것	**mienten** 미엔뗀	mentir(거짓말을 하다)의 3인칭 복수형
eso 에소	그것		
naranja 나란하	오렌지	**inocente** 이노쎈떼	무죄
manzana 만싸나	사과		

saber와 conocer 동사의 차이점

saber와 conocer는 둘 다 '알다'라는 뜻을 가지고 있지만 그 용법에는 약간의 차이가 있습니다. 먼저 saber와 conocer는 다음과 같이 변합니다.

	saber		conocer	
1인칭	sé 쎄	sabemos 싸베모스	conozco 꼬노스꼬	conocemos 꼬노쎄모스
2인칭	sabes 싸베스	sabéis 싸베이스	conoces 꼬노쎄스	conocéis 꼬노쎄이스
3인칭	sabe 싸베	saben 싸벤	conoce 꼬노쎄	conocen 꼬노쎈

saber의 용법은 다음과 같습니다.

1. ~을 할 줄 알다 (+동사원형)

  Yo **sé** cocinar. 나는 요리를 할 줄 안다.

  ¿**Saben** tocar la guitarra? 그들은 기타를 칠 줄 아나요?

2. 지식이나 사실, 학문을 알다.

  Mi abuelo **sabe** bien la historia. 할아버지는 역사를 잘 아신다.

  ¿**Sabes** que cuándo es el examen? 시험이 언제인지 아니?

saber와 달리 conocer는 무언가 '경험'을 통해 알았을 때 사용합니다. 예를 들면 사람이나 도시를 (경험으로) 알 때 이 동사를 사용합니다.

  Conozco Madrid. 마드리드를 가 봤다.

  ¿**Conoces** Buenos Aires? 부에노스아이레스에 가 봤니?

이제 전치격 인칭대명사에 대해 알아보겠습니다. 전치사 뒤에는 yo나 tú 대신 mí와 ti가 오는데, 나머지 인칭대명사는 변화가 없습니다.

1인칭	mí	nosotros/nosotras
2인칭	ti	vosotros/vosotras
3인칭	él, ella, usted	ellos, ellas, ustedes

Este regalo es para **ti**. 이 선물은 널 위한 거야.

Él piensa en **mí**. 그는 나를 생각한다.

Quiero ir a España con **ustedes**. 나는 당신들과 함께 스페인에 가고 싶다.

단, 여기서 주의할 점은 전치사 '~와 함께'라는 뜻의 con과 mí, ti가 함께 쓰일 때는 conmigo, contigo가 됩니다.

1. 다음 불규칙동사의 직설법 현재형 변화에 맞게 표를 채우세요.

1) pensar

인칭	단수	복수
1인칭		pensamos
2인칭	piensas	
3인칭	piensa	

•pensar : 생각하다
•cerrar : 닫다
•mentir : 거짓말하다

2) cerrar

인칭	단수	복수
1인칭	cierro	cerramos
2인칭		cerráis
3인칭		

3) mentir

인칭	단수	복수
1인칭	miento	
2인칭		
3인칭	miente	mienten

2. saber와 conocer 동사를 활용하여 다음을 스페인어로 작문하세요.

1) 당신은 스페인의 역사에 대해 아십니까?

2) 당신은 스페인에 가 본 적이 있습니까?

3) 너는 김 선생님을 아니?

4) 너는 스파게티를 요리할 줄 아니?

•historia : 역사
•espaguetis : 스파게티

3. 다음 문장에서 틀린 부분을 바르게 고치세요.

1) Podemos tocamos el piano.   2) Pienso en tú.
3) ¿Quieres bailar con yo?   4) Quiero ir a Perú con tú.

•tocar el piano : 피아노
 치다
•bailar : 춤추다

▶주요 형용사

mucho 많은
무초

poco 적은
뽀꼬

grande 큰
그란데

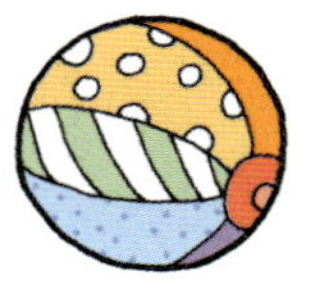

pequeño 작은
뻬께뇨

amplio 암쁠리오 (공간이) 넓은

lejos 레호스 먼

bonito 보니또 예쁜

bueno 부에노 좋은

caro 까로 비싼

nuevo 누에보 새로운

alto 알또 키가 큰 / 높은

estrecho 에스뜨레초 (공간이) 좁은

cerca 쎄르까 가까운

feo 페오 못생긴

malo 말로 나쁜

barato 바라또 싼

antiguo 안띠구오 오래된

bajo 바호 키가 작은 / 낮은

〈의류 관련 단어〉

ponerse 뽀네르쎄 입다

camisa 까미사 셔츠

chaqueta 차께따 자켓

minifalda 미니팔다 미니스커트

ropa para nadar 로빠 빠라 나다르 수영복

medias 메디아스 스타킹

ropa interior 로빠 인떼리오르 속옷

pantalón 빤딸론 바지

traje 뜨라헤 양복

calzonillos 깔쏘니요스 팬티

zapatos 싸빠또스 구두

sombrero 쏨브레로 모자

quitarse 끼따르쎄 벗다

abrigo 아브리고 외투

falda 팔다 치마

vestido 베스띠도 원피스

calcetín 깔쎄띤 양말

guantes 관떼스 장갑

pijamas 삐하마스 잠옷

jean 진 청바지

suéter 수에떼르 스웨터

cintura 씬뚜라 허리띠

zapatillas 싸빠띠야스 운동화

bolsa 볼사 핸드백

플라멩코(flamenco)

플라멩코는 스페인 안달루시아 지방의 민요와 무용, 반주 등을 통틀어 일컫는 말입니다. 집시 특유의 느낌이 풍부하게 표현되지요. 집시들은 빠르고도 리드미컬한 반주를 배경으로 원색의 화려한 치마를 입고 아름다운 발놀림과 손동작으로 관객을 매료시키고, 낮고 깊은 목소리로 흥을 돋우어 한이 담긴 정서를 전달합니다.

집시들은 어디서도 환영받지 못하는 삶을 살았기 때문에 플라멩코에는 그 특유의 한이 표현되어 있습니다. 그래서 빠르고 경쾌한 리듬 속에서도 그들만의 비장하고 우수어린 분위기가 느껴지지요. 플라멩코의 3대 요소는 바일레(baile, 춤), 토케(toque, 기타 연주), 칸테(cante, 노래)입니다. 여기에 힘찬 박수소리 팔마스(palmas)나 흥을 돋우는 추임새 할레오(jaleo) 등이 매력을 더하지요. 플라멩코는 슬픔, 기쁨. 열정, 사랑 등의 감정을 전달합니다. 따라서 춤의 모양새는 다양하지요.

보통 여자 무용수들은 화려한 색상의 긴 주름치마를 입는데, 이 치마를 흔들며 매혹적인 춤사위를 펼칩니다. 징이 박힌 구두로 바닥에 딱, 딱 소리를 내며 박자를 맞추고, 현란한 발놀림을 보이기도 하지요. 이렇게 격렬하고도 우아하고, 빠르고도 절도 있는 움직임을 보고 있으면 저절로 입이 벌어집니다. 여성들은 남성들에 비해 더 관능적이고 부드러운 춤을 선보이고, 남성들은 크게 발을 구르며 절도 있게 춤을 춥니다.

¿Cuándo estudias?

너는 언제 공부하니?

기본회화

Eunkyung : **¿Qué estudias?**
께　에스뚜디아스

Carlos : **Estudio la historia.**
에스뚜디오　라　이스또리아

Eunkyung : **¿Cuándo estudias generalmente?**
꽌도　에스뚜디아스　헤네랄멘떼

Carlos : **Estudio por las noches.**
에스뚜디오　뽀르　라스　노체스

¿Por qué me preguntas?
뽀르　께　메　쁘레군따스

Eunkyung : **Porque yo también quiero saber bien la historia.**
뽀르께　요　땀비엔　끼에로　싸베르　비엔　라　이스또리아

Carlos : **Entonces vamos a estudiar conmigo.**
엔똔쎄스　바모스　아 에스뚜디아르　꼰미고

Eunkyung : **Buena idea.**
부에나　이데아

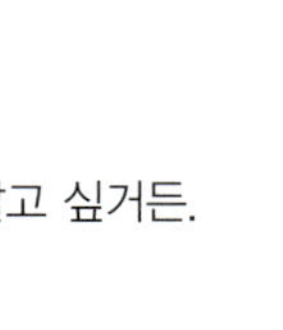

해석

은경 :　너 뭐 공부하니?
카를로스 : 나는 역사를 공부해?
은경 :　보통 언제 공부하니?
카를로스 : 밤에 공부해.
　　　그건 왜 물어보니?
은경 :　왜냐하면 나도 역사를 잘 알고 싶거든.
카를로스 : 그럼 나랑 같이 공부하자.
은경 :　좋은 생각이다.

기본회화 해설

1. ¿Qué estudias? 무엇을 공부하니?

의문사 qué는 '무엇'이란 뜻입니다. 성, 수 변화를 하지 않고 의문대명사와 의문형용사로 쓰입니다.

¿Qué compras? 무엇을 사니?

¿Qué frutas compras? 무슨 과일들을 사니?

2. ¿Cuándo estudias generalmente? 너는 보통 언제 공부하니?

cuándo는 '언제'라는 뜻입니다. 성, 수 변화를 하지 않습니다.

¿Cuándo partes? 너 언제 출발하니?

¿Cuándo termina la película? 영화가 언제 끝나나요?

3. ¿Por qué me preguntas? 왜 물어보니?

por qué는 '왜(why)'라는 뜻입니다. 띨데(´)와 띄어쓰기어 주의해야 합니다. me는 '나에게'라는 뜻의 간접목적어인데, 나중에 자세히 다루도록 하겠습니다.

4. Porque yo también quiero saber bien la historia.

왜냐하면 나도 역사를 잘 알고 싶기 때문이야.

porque는 '왜냐하면(because)'이라는 뜻입니다. por와 que 사이에 띄어쓰기를 하지 않고, que 위에도 띨데를 찍지 않습니다.

 새로 나온 단어

qué 께	무엇	**porque** 뽀르께	왜냐하면
estudias 에스뚜디아스	estudiar(공부하다)의 2인칭 단수형태	**también** 땀비엔	역시
		saber 싸베르	알다
estudio 에스뚜디오	estudiar(공부하다)의 1인칭 단수형태	**bien** 비엔	잘
		historia 이스또리아	역사
cuándo 꽌도	언제	**entonces** 엔똔쎄스	그렇다면
generalmente 헤네랄멘떼	일반적으로	**conmigo** 꼰미고	나와 함께
por la noche 뽀르 라 노체	밤에	**bueno** 부에노	좋은
por qué 뽀르 께	왜	**idea** 이데아	생각

¿Qué idioma estudias?
께　이디오마　에스뚜디아스
무슨 언어를 공부하니?

¿Qué libro vas a leer?
께　리브로 바스 아 레에르
너는 무슨 책을 읽을 거니?

¿Cuál fruta quieres comprar?
꽐　프루따 끼에레스　꼼쁘라르
무슨 과일을 사고 싶니?

¿Con quién él habla?
꼰　끼엔　엘 아블라
그는 누구랑 말하나요?

¿De quién es este libro?
데　끼엔　에스 에스떼 리브로
이 책은 누구 것인가요?

¿Para quién es ese regalo?
빠라　끼엔　에스 에쎄 레갈로
이 선물은 누구 것인가요?

¿Por qué compra esto?
뽀르 께　꼼쁘라　에스또
당신은 이걸 왜 사나요?

Porque hoy es el cumpleaños de mi madre.
뽀르께　오이 에스 엘 꿈쁠레아뇨스　데 미 마드레
왜냐하면 오늘은 엄마 생신이기 때문이에요.

¿A quién amas?
아 끼엔　아마스
너는 누구를 사랑해?

¿Dónde estás?
돈데　에스따스
너 어디니?

Tip
전치사와 의문사가 같이 의문의 내용을 표현할 때, 전치사는 의문사 앞에 옵니다.

Tip
por qué는 왜(why), porque는 왜냐하면(because)에 해당합니다.

¿De dónde eres?
데 돈데   에레스
넌 어디 출신이니?

¿Cuándo termina la clase?
꽌도   떼르미나 라 끌라쎄
수업이 언제 끝나나요?

¿A qué hora empieza la clase?
아 께 오라 엠삐에싸   라 끌라쎄
수업이 몇 시에 시작하나요?

¿Cuánto cuesta?
꽌또   꾸에스따
얼마입니까?

¿Cuántos son tus libros?
꽌또스   쏜 뚜스 리브로스
너의 책은 몇 권이니?

¿Cómo toca el piano?
꼬모   또까 엘 삐아노
피아노는 어떻게 치나요?

주요표현 단어

idioma	이디오마	언어	**regalo**	레갈로	선물
estudias	에스뚜디아스	estudiar(공부하다)의 2인칭 단수형	**compra**	꼼쁘라	comprar(사다)의 3인칭 단수형
			hoy	오이	오늘
libro	리브로	책	**cumpleaños**	꿈쁠레아뇨스	생일
vas	바스	ir(가다)의 2인칭 단수형	**madre**	마드레	엄마
leer	레에르	읽다	**amas**	아마스	amar(사랑하다)의 2인칭 단수형
fruta	프루따	과일	**termina**	떼르미나	terminar(끝나다)의 3인칭 단수형
comprar	꼼쁘라르	사다	**clase**	끌라쎄	수업
quién	끼엔	누구	**empieza**	엠삐에싸	empezar(시작하다)의 3인칭 단수형
habla	아블라	말하다	**toca**	또까	tocar(치다, 만지다)의 3인칭 단수형
para	빠라	~를 위해	**piano**	삐아노	피아노

스페인어의 의문사

이번에는 의문사에 대해 알아볼까요? 의문사는 문장 맨 앞에 옵니다.

1. cuál 어떤 것, 어떤 사람, 어느…

의문사 qué와의 차이점은 무엇일까요? qué가 본질이나 개념에 대한 의문이라면, cuál은 여러 선택지 중에 '어느 것'이냐는 선택에 대한 의문입니다. 수 변화를 하니 주의해야 합니다.

¿**Cuál** es tu nombre? 너의 이름은 무엇이니?

¿**Cuál** es tu número de teléfono? 너의 전화번호는 뭐니?

¿**Cuales** libros son tuyos? (이 중에) 어떤 책들이 네 것이니?

2. quién 누구

수 변화를 합니다.

¿**Quién** es tu novio? 누가 네 애인이니?

¿**Quienes** son tus amigos? 누가 네 친구들이니?

3. cuánto 몇 개, 얼마나

성, 수 변화를 합니다.

¿**Cuánto** es? 얼마예요?

¿**Cuántas** personas viven aquí? 여기 몇 명의 사람들이 사나요?

4. cómo 어떻게

상태나 방법 등을 묻습니다. 성, 수 변화는 하지 않습니다.

¿**Cómo** cocinas el espaguetis? 스파게티를 어떻게 요리합니까?

5. dónde 어디

장소를 묻습니다. 성, 수 변화는 하지 않습니다.

¿**Dónde** estás? 너 어디니?

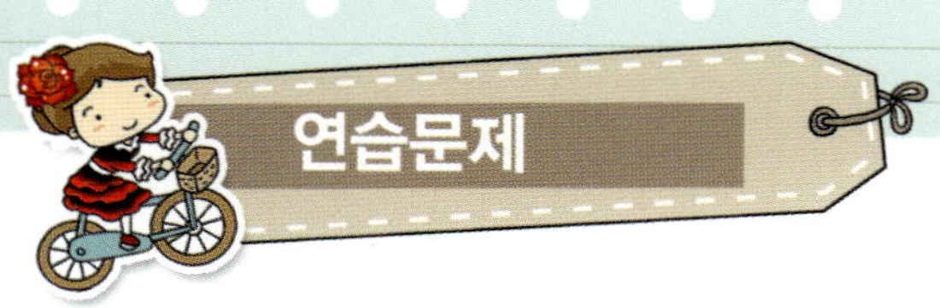

1. 다음 빈칸에 알맞은 의문사를 넣으세요.

1) ¿(　　　) es este libro? 이 책 어때?
2) ¿(　　　) son ustedes? 당신들은 누구세요?
3) ¿(　　　) rosas tienes? 몇 송이의 장미를 가지고 있니?
4) ¿(　　　) es tú número de teléfono? 전화번호가 뭐니?
5) ¿(　　　) vas a ir a la escuela? 학교에 언제 갈 거니?

2. 다음 빈칸에 알맞은 전치사를 넣으세요.

1) ¿(　) dónde son? 당신들은 어디 출신입니까?
2) ¿(　) quién comes? 너는 누구랑 식사하니?
3) ¿(　) qué estudias? 너는 왜 공부하니?
4) ¿(　) quién es? 이건 누구 것이니?
5) ¿(　) qué hora duermes? 너는 몇 시에 자니?

•dormir : 자다

3. 다음 문장에서 틀린 부분을 바르게 고치세요.

1) ¿Cuánto libros tienes?
2) ¿Quién es este libro?
3) ¿Qué es tu nombre?
4) ¿Porque no compras la manzana?
5) Por qué prefiero la naranja a la manzana.

•preferir : 선호하다

정답

1. 1) Cómo 2) Quienes 3) Cuántas 4) Cuál 5) Cuándo 　**2.** 1) De 2) Con 3) Por 4) De 5) A 　**3.** 1) ¿Cuántos libros tienes? 2) ¿De quién es este libro? 3) ¿Cuál es tu nombre? 4) ¿Por qué no compras la manzana? 5) Porque prefiero la naranja a la manzana.

▶ 맛·채소·식기·그릇 종류

delicioso 맛있는
델리씨오소

picante 매운
삐깐떼

tener hambre 배고프다
떼네르 암브레

estar satisfecho
에스따르 싸띠스페초
배부르다

ajo 마늘
아호

ají 고추
아히

cebolla 양파
쎄보야

zanahoria 당근
싸나오리아

〈맛〉

dulce 둘쎄 단
salado 쌀라도 짠
soso 쏘쏘 싱거운

denso 덴쏘 진한
ácido 아씨도 신

〈채소〉

pepino 뻬삐노 오이
soya 쏘야 콩
calabaza 깔라바싸 호박
papa 빠빠 감자
hongo 옹고 버섯

camote 까모떼 고구마
genibre 헤니브레 생강
lechuga 레추가 상추
guisante 구이싼떼 완두콩
tomate 또마떼 토마토

〈식기, 그릇 종류〉

vasija 바씨하 그릇
vaso/copa 바소/꼬빠 컵, 잔
tenedor 떼네도르 포크
cuchillo 꾸치요 나이프

plato 쁠라또 접시
cuchara 꾸차라 수저
palillos 빨리요스 젓가락
tabla para picar 따블라 빠라 삐까르 도마

페루의 마추픽추(Machu Picchu)

세계 7대 불가사의 중 하나로 손꼽히는 마추픽추는 '오래된 봉우리'라는 뜻으로 페루 쿠스코(Cuzco)에 있습니다. 아주 높은 산중턱에 있기 때문에 산 밑에서는 마추픽추가 보이지 않지요. '잉카의 잃어버린 도시', '공중도시'로 불리기도 합니다. 1911년에 발견된 마추픽추는 그 후 약 100년이 넘었지만, 아직도 어떤 목적으로 이 거대한 도시가 건설되었는지는 정확히 밝혀지지 않았습니다.

하루 방문객 수를 2,500명 정도로 제한하기 때문에, 새벽부터 전 세계에서 모인 관광객들이 길게 줄을 섭니다. 기차역이 있는 마을에서 바로 버스를 타고 마추픽추의 입구까지 갈 수도 있고, 옛날에 잉카인들이 걸었다는 그 길을 직접 걸어서 갈 수도 있습니다. 이렇게 힘들게 도착해도 그날 날씨에 따라 마추픽추는 각기 다른 모습으로 나타납니다. 구름이 끼어 걸음을 옮기는 데에 따라 유적지가 보였다 안 보였다 하지요. 마추픽추가 있는 도시 쿠스코는 해발 3,400m로, 높은 고도 때문에 많은 여행자들이 두통, 복통, 호흡 곤란 등 고산병을 호소합니다. 이럴 때는 현지인들이 즐기는 코카차를 마시거나 코카잎을 씹는 것이 도움이 됩니다. 그리고 될 수 있는 한 천천히 움직여야 합니다.

태양의 신전, 관개수로, 드넓은 경작지 등, 마추픽추는 잉카인의 놀라운 기술로 건설했다는 것을 제외하고 아무것도 명확히 밝혀진 것이 없는, 정말 수수께끼 같은 곳입니다. 유네스코는 이런 마추픽추의 신비로운 유적과 자연 생태계를 보존하고자 세계유산으로 지정했습니다.

Ellos están bailando en el parque.

그들은 공원에서 춤을 추고 있는 중이야.

기본회화

Hyein : **¿Qué estás mirando?**
께 에스따스 미란도

Juan : **Estoy observando a la gente en la calle.**
에쓰또이 옵세르반도 아 라 헨떼 엔 라 까예

Hyein : **¿Qué están haciendo?**
께 에스딴 아씨엔도

Juan : **Ellos están bailando en el parque.**
에요스 에스딴 바일란도 엔 엘 빠르께

Hyein : **Bailan muy bien.**
바일란 무이 비엔

Creo que están practicando para un concurso.
끄레오 께 에스딴 쁘락띠깐도 빠라 운 꼰꾸르쏘

Juan : **Sí. Aunque está lloviendo, siguen bailando.**
씨 아운께 에스따 요비엔도 씨겐 바일란도

Hyein : **Tienen mucha pasión.**
띠에넨 무차 빠씨온

혜인 : 넌 무엇을 보고 있는 중이니?

후안 : 나는 길거리의 사람들을 구경하는 중이야.

혜인 : 그들은 무엇을 하고 있는 중이니?

후안 : 공원에서 춤을 추고 있는 중이야.

혜인 : 춤을 아주 잘 추는구나.

　　　내 생각에 경연대회를 준비하고 있는 중인 것 같아.

후안 : 응. 비가 오는 중인데도 계속 춤을 추고 있어.

혜인 : 열정이 대단하구나.

기본회화 해설

1. ¿Qué estás mirando? 무엇을 보고 있는 중이니?

현재진행형 문장입니다. 기본적으로 현재진행형 표현, 즉 '~을 하는 중이다'라는 표현을 할 때는 'estar+현재분사' 구문을 써주면 됩니다. 그렇다면 현재분사는 어떻게 만들까요?

규칙형	불규칙형
hablar 아빌라 → hablando 아빌란도 말하다	dormir 도르미르 → durmiendo 두르미엔도 자다
comer 꼬메르 → comiendo 꼬미엔도 먹다	ir 이르 → yendo 옌도 가다
vivir 비비르 → viviendo 비비엔도 살다	leer 레에르 → leyendo 레옌도 읽다
	venir 베니르 → viniendo 비니엔도 오다
☞현재분사는 동사원형의 어미 -ar 대신 -ado, -er나 -ir 대신 -ido를 붙여서 만듭니다.	ver 베르 → viendo 비엔도 보다
	caer 까에르 → cayendo 까옌도 떨어지다
	morir 모리르 → muriendo 무리엔도 죽다

Ellos *estudian* tomando el café. 그들은 커피를 마시며 공부한다.

Los perros *están* durmiendo. 그 개들은 자는 중이다.

Estoy yendo a la escuela. 나는 학교에 가는 중이다.

2. Aunque está lloviendo, siguen bailando. 비가 오는 중인데도 계속 춤을 추고 있어.

상황이나 행위의 지속이나 진행을 표현하는 'estar+현재분사' 형태에서, estar 동사 이외에 continuar(계속하다), llevar(가지고 오다), seguir(따라가다), ir(가다) 등의 동사들과 함께 쓸 수 있습니다.

Sigues escribiendo la carta. 편지를 쓰는 중이다.

Continúa lloviendo. 비가 오는 중이다.

Lleva 5 años aprendiendo el inglés. 5년째 영어를 배우는 중이다.

특히, 'llevar+기간+현재분사' 표현은 '기간만큼 ~하는 중이다'라는 뜻이 됩니다.

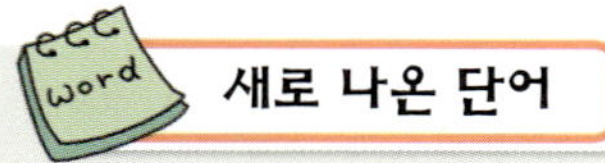

새로 나온 단어

qué 께	무엇	**muy** 무이	매우
mirando 미란도	mirar(바라보다)의 현재분사	**practicando** 쁘락띠깐도	practicar(연습하다)의 현재분사
observando 옵쎄르반도	observar(관찰하다)의 현재분사	**concurso** 꼰꾸르쏘	콩쿠르, 경연대회
gente 헨떼	사람들	**aunque** 아운께	비록 ~할지라도
calle 까예	길	**lloviendo** 요비엔도	llover(비 오다)의 현재분사
bailando 바일란도	bailar(춤추다)의 현재분사	**siguen** 씨겐	seguir(계속~하다)의 3인칭 복수
parque 빠르께	공원	**pasión** 빠씨온	열정

기본회화 2

Juan : **¿Qué estás comiendo?**
께   에스따스 꼬미엔도

Hyein : **Estoy comiendo cinco helados, dos chocolates, y tres tortas.**
에스또이 꼬미엔도   씬꼬   엘라도스   도스 초꼴라떼스   이 뜨레스 또르따스

Juan : **¿Por qué comes tanto?**
뽀르 께 꼬메스   딴또

Hyein : **No sé qué estoy haciendo.**
노 쎄 께   에스또이 아씨엔도

Llevo comiendo 3 horas sin parar.
예보   꼬미엔도   뜨레스 오라스 씬   빠라르

Juan : **Sí. Tienes mucho por trabajar y estudiar.**
씨   띠에네스 무초   뽀르 뜨라바하르 이 에스뚜디아르

Hyein : **Sigo comiendo por el estrés.**
씨고   꼬미엔도   뽀르 엘 에스뜨레스

Creo que tengo que descansar un poco.
끄레오 께 뗑고   께   데스깐싸르   운 뽀꼬

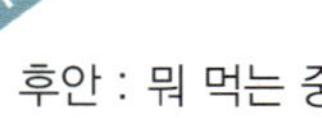

후안 : 뭐 먹는 중이니?

혜인 : 아이스크림 다섯 개, 초콜렛 두 개,
　　　케이크 세 개를 먹는 중이야.

후안 : 왜 이렇게 많이 먹어?

혜인 : 나도 내가 뭘 하고 있는지 모르겠어.
　　　세 시간 동안 멈추지 않고 먹는 중이야.

후안 : 그래, 넌 할 게 많잖아. 일도 하고 공부도 하면서.

혜인 : 스트레스 때문에 계속 먹어.
　　　조금 쉬어야 할 것 같아.

3. ¿Por qué comes tanto?   왜 이렇게 많이 먹어?

tanto는 관사를 동반하지 않고 양과 수를 비교하는 부정어입니다. 형용사로도 쓰이고, 부사로도 쓰이는데, 다음 예문을 통해 알아보겠습니다.

　　¿Por qué duermes *tanto*? 너는 왜 그렇게 많이 자니? 〈부사〉

　　¿Por qué tienes *tantas* manzanas? 너는 왜 그렇게 많은 사과를 가지고 있니? 〈형용사〉

tanto가 형용사로 쓰일 때는 다른 형용사와 마찬가지로 성, 수 일치를 해줘야 합니다.

4. Llevo comiendo 3 horas sin parar.   세 시간 동안 멈추지 않고 먹는 중이야.

'llevar(가지고 가다)+현재분사'는 현재진행형을 나타냅니다. 특히 'llevar+현재분사+시간'은 '시간만큼 ~하는 중이다'라는 뜻을 나타냅니다.

　　Llevo estudiando español 3 horas en la escuela.

　　나는 학교에서 세 시간 동안 스페인어 공부를 하는 중이다.

　　¿Cuántas horas *llevas* haciendo ejercicio? 너는 몇 시간 째 운동 중이니?

　　Ellos *llevan* viviendo un año en Seúl. 그들은 1년째 서울에 살고 있다.

5. Sigo comiendo por el estrés.   스트레스 때문에 계속 먹어.

'estar+현재분사', 'llevar+현재분사'와 마찬가지로 'seguir+현재분사' 역시 현재진행의 뜻을 나타냅니다. 이외에 ir(가다), continuar(계속하다), andar(걷다) 등의 동사도 현재분사와 함께 쓰이면 현재진행형 동작을 나타냅니다.

　　Ellos *andan* escuchando la música. 그들은 음악을 들으며 걷는다.

　　Sigue lloviendo. 계속 비가 내린다.

새로 나온 단어

comiendo 꼬미엔도	comer(먹다)의 현재분사	**tanto** 딴또	그렇게 많은
cinco 씬꼬	5, 다섯	**haciendo** 아씨엔도	hacer(하다)의 현재분사
helado 엘라도	아이스크림	**parar** 빠라르	멈추다
dos 도스	2, 둘	**trabajar** 뜨라바하르	일하다
chocolate 초꼴라떼	초콜릿	**sigo** 씨고	seguir(계속 ~하다)의 1인칭 단수형
tres 뜨레스	3, 셋	**estrés** 에스뜨레스	스트레스
torta 또르따	케이크	**descansar** 데스깐사르	쉬다

Ella está leyendo una novela.
에야 에스따 레옌도 우나 노벨라
그녀는 어떤 소설을 읽는 중이다.

Estoy hablando con mi mamá.
에스또이 아블란도 꼰 미 마마
나는 엄마랑 이야기하고 있는 중이다.

현재분사는 성, 수 일치가 필요 없습니다. 주어가 여성 복수라고 해도 escuchandas가 아니라 그대로 escuchando입니다.

Estamos escuchando la música.
에스따모스 에스꾸찬도 라 무시까
우리는 음악을 듣는 중이다.

¿Qué estás escribiendo?
께 에스따스 에스끄리비엔도
너는 무엇을 쓰는 중이니?

¿Qué está haciendo?
께 에스따 아씨엔도
무엇을 하시는 중인가요?

¿Qué estás pensando?
께 에스따스 뻰싼도
너 무슨 생각을 하는 중이니?

Continúa nevando.
꼰띠누아 네반도
계속 눈이 온다.

Sigue viendo la televisión.
씨게 비엔도 라 뗄레비씨온
계속 TV를 보고 있다.

estar뿐 아니라 ir, seguir, llevar, continuar 등의 동사와 함께 쓰여도 '상황이나 행위의 지속 및 진행'을 나타냅니다.

Ella lleva tres horas charlando.
에야 예바 뜨레스 오라스 차를란도
그녀는 세 시간 동안 수다를 떠는 중이다.

llevar+기간+현재분사 : 기간만큼 ～하다

Llevo seis meses estudiando español.
예보 쎄이스 메세스 에스뚜디안도 에스빠뇰
스페인어를 6개월째 공부 중이다.

현재분사는 동시동작을 나타냅
니다.

Mis padres ven la televisión tomando cerveza.
미스 빠드레스 벤 라 뗄레비씨온 또만도 쎄르베싸
부모님은 맥주를 마시며 TV를 보는 중이다.

Paseamos por el parque escuchando la música.
빠쎄아모스 뽀르 엘 빠르께 에스꾸찬도 라 무씨까
우리는 음악을 들으며 공원을 산책한다.

Los perros están muriendo por el calor.
로스 뻬ᵣ로스 에스딴 무리엔도 뽀르 엘 깔로르
개들이 더위 때문에 죽어가고 있다.

Mi hermano está durmiendo.
미 에르마노 에스따· 두르미언도
내 동생은 자는 중이다.

¿Adónde estás yendo?
아돈데 에스따스 옌도
어디 가고 있는 중이니?

Estamos cenando en un restaurante.
에스따모스 쎄난도 엔 운 레스따우란떼
우리는 레스토랑에서 저녁을 먹는 중이다.

주요표현 단어

novela 노벨라	소설	**charlando** 차를란도	charlar(수다 떨다)의 현재분사
música 무시까	음악	**llevo** 예보	llevar(가지고 오다)의 1인칭
escribiendo 에스끄리비엔도			단수형
	escribir(쓰다)의 현재분사	**mes** 메스	월, 달
haciendo 아씨엔도	hacer(하다)의 현재분사	**tomando** 또만도	tomar(마시다)의 현재분사
pensando 뻰싼도	pensar(생각하다)의 현재분사	**cerveza** 쎄르베싸	맥주
continúa 꼰띠누아	continuar(계속하다)의 3인칭	**paseamos** 빠쎄아모스	pasear(산책하다)의 1인칭 복수
	단수형	**parque** 빠르께	공원
nevando 네반도	nevar(눈 오다)의 현재분사	**perro** 뻬르로	개
sigue 씨게	seguir(계속 ~하다)의 3인칭	**muriendo** 무리엔도	morir(죽다)의 현재분사
	단수형	**calor** 깔로르	더위
televisión 뗄레비씨온	텔레비전	**adónde** 아돈데	어디로
lleva 예바	llevar(가지고 오다)의 3인칭 단수	**cenando** 쎄난도	cenar(저녁 먹다)의 현재분사
hora 오라	시간	**restaurante** 레스따우란떼	레스토랑

10. 그들은 공원에서 춤을 추고 있는 중이야.　93

문법이야기

지시형용사와 지시대명사

● 지시형용사

'이~, 그~, 저~'에 해당하는 지시형용사 역시 명사의 앞에 놓이고 명사의 성, 수에 일치해야 합니다.

	성	단수	복수
이	남성	este 에스떼	estos 에스또스
	여성	esta 에스따	estas 에스따스
그	남성	ese 에쎄	esos 에쏘스
	여성	esa 에싸	esas 에싸스
저	남성	aquel 아껠	aquellos 아께요스
	여성	aquella 아께야	aquellas 아께야스

Este libro es interesante. 이 책은 흥미롭다.

Aquellas chicas son bonitas. 저 소녀들은 예쁘다.

Esa montaña es alta. 그 산은 높다.

● 지시대명사

지시대명사는 가리키는 명사의 성, 수에 일치해야 합니다. 지시대명사의 중성형은 복수형태가 없습니다. 말하는 사람이 잘 알지 못하는 것을 지칭할 때 쓰입니다.

	성	단수	복수
이것	남성	este 에스떼	estos 에스또스
	여성	esta 에스따	estas 에스따스
	중성	esto 에스또	×
그것	남성	ese 에쎄	esos 에쏘스
	여성	esa 에싸	esas 에싸스
	중성	eso 에쏘	×
저것	남성	aquel 아껠	aquellos 아께요스
	여성	aquella 아께야	aquellas 아께야스
	중성	aquello 아께요	×

¿Qué es **esto**? 이것이 무엇입니까?   **Esto** es un diccionario. 이것은 사전입니다.

Esta rosa es roja y **esa** es blanca. 이 장미는 빨갛고 그것은(그 장미는) 하얗다.

연습문제

1. 괄호 안의 동사를 활용해서 올바른 형태로 변화시키세요.

1) Los gatos están (dormir).

2) Los animales están (morir).

3) ¿Qué estás (hacer)?

4) Llevamos dos años (aprender) español.

5) Estamos (tomar) la cerveza.

2. 다음 문장을 스페인어로 작문하세요.

1) 나는 하루 종일 음악을 듣고 있다.

2) 너는 계속해서 노래를 부르고 있다.

3) 우리는 수학을 공부하는 중이다.

4) 내 친구들은 카페에서 커피를 마시고 있는 중이다.

3. 다음에 알맞은 지시형용사를 넣으세요.

1) Quiero comprar (   ) fresas. 나는 저 딸기들을 사고 싶다.

2) ¿De dónde es (   ) vino? 이 와인은 어디 산이니?

3) (   ) coches son muy caros. 이 자동차들은 마우 비싸다.

4) Tu libro está en (   ) mesa. 네 책은 그 책상에 있어.

5) ¿Para quién es (   ) regalo? 저 선물은 누구를 위한 거니?

note

- gato : 고양이
- dormir : 자다
- animal : 동물
- morir : 죽다
- aprender : 배우다
- cerveza : 맥주

- escuchar : 듣다
- música : 음악
- cantar : 노래하다
- cafetería : 카페

- fresa : 딸기
- vino : 와인
- coche : 자동차
- caro : 비싼
- mesa : 책상
- regalo : 선물

정답

1. 1) durmiendo 2) muriendo 3) haciendo 4) aprendiendo 5) tomando **2.** 1) Estoy escuchando la música todo el día. 2) Sigues cantando. 3) Estamos estudiando la matemática. 4) Mis amigos están tomando un café en la cafetería. **3.** 1) aquellas 2) este 3) Estos 4) esa 5) aquel

주제별 단어

▶ 가족 · 친척

padre 아버지
빠드레

madre 어머니
마드레

hermano mayor
에르마노 마요르
형, 오빠

hermana mayor
에르마나 마요르
누나, 언니

hermano menor
에르마노 메노르
남동생

hermana menor
에르마나 메노르
여동생

abuelo 할아버지
아부엘로

abuela 할머니
아부엘라

padres 빠드레스	부모님
tía 띠아	이모, 숙모
tío 띠오	삼촌, 큰아버지
prima 쁘리마	사촌 누나, 사촌 언니
primo 쁘리모	사촌 형, 사촌 오빠
esposa 에스뽀사	아내
esposo 에스뽀소	남편
hija 이하	딸
hijo 이호	아들
pariente 빠리엔떼	친척
yerno 예르노	사위
nuera 누에라	며느리
suegro 수에그로	시아버지, 장인
suegra 수에그라	시어머니, 장모
padrastro 빠드라스뜨로	계부
madrastra 마드라스뜨라	계모

볼리비아의 우유니(Uyuni) 사막

매혹적인 여행지들이 가득한 남미 땅 중에서도 가장 가보고 싶은 곳을 꼽으라면, 많은 여행자들이 이곳이라 말하지 않을까요? 우기(雨期)의 우유니 사막은 하늘과 땅의 경계선을 구별할 수 없어 커다란 거울과 같고, 밤에는 새까만 하늘에서 새하얀 별이 쏟아집니다. 따뜻한 차를 마시며 밤하늘을 바라보면 사랑하는 사람들이 떠오르지요.

우유니 사막은 세계 최대의 소금사막으로, 우기에는 물이 고여 호수처럼 변한 사막 위에 파란 하늘이 거울처럼 반사됩니다. 동서남북 어디를 봐도 파란 하늘이 펼쳐져 있죠. 이 우유니 사막에 가면 작은 호스텔이 몇 개 있는데, 전기가 들어오지 않는 호스텔에서 양초 몇 개를 켜놓고 소금으로 된 탁자와 소금으로 된 의자에서 식사를 하는 것도 참 낭만적인 일입니다.

온통 소금 천지인 우유니의 소금량은 최소 100억 톤에 달할 것으로 추정됩니다. 사막 이곳저곳에서 곡괭이 등으로 소금을 캐는 사람들, 소금을 작은 산처럼 쌓아놓았다가 트럭으로 운반하는 모습을 볼 수 있습니다. 이 사막은 원래 소금 호수였는데, 건조해진 기후로 물이 다 증발하고 소금결정만 남아 소금 사막이 만들어졌다고 합니다.

La ventana está rota.
창문이 깨져 있어.

기본회화

Eunhee : **La ventana está rota.**
라　벤따나　에스따 로따

Julio : **¿Estás bien?**
에스따스　비엔

Eunhee : **Si, pero no encuentro mis joyas.**
씨　뻬로　노　엔꾸엔뜨로　미스　호야스

Tengo que denunciar ahora mismo.
뗑고　께　데눈씨아르　아오라　미스모

Julio : **Los ladrones van a ser capturados por la polícia.**
로스　라드로네스　반　아 세르 깝뚜라도스　뽀르 라 뽈리씨아

Vamos a comer primero.
바모스　아 꼬메르　쁘리메로

La comida ya está preparada.
라　꼬미다　야 에스따 쁘레빠라다

Eunhee : **Sí, es mejor.**
씨　에스 메호르

해석

은희 :　창문이 깨져 있어.
훌리오 : 괜찮아?
은희 :　응. 그런데 내 보석을 찾을 수 없어.
　　　　지금 당장 신고해야겠어.
훌리오 : 도둑들은 경찰에 잡힐 거야.
　　　　일단 밥부터 먹자.
　　　　음식이 준비됐어.
은희 :　그래, 그게 낫겠다.

1. La ventana está rota. 창문이 깨져 있다.

수동태의 문장입니다. 수동태는 'estar+과거분사'로 만들어주면 되는데, 과거분사는 다음과 같이 동사원형의 어미 -ar 대신 -ado, -er나 -ir 대신 -ido를 붙여서 만듭니다.

규칙형 habl*ar* → habl*ado* 말하다   com*er* → com*ido* 먹다   viv*ir* → viv*ido* 살다

romper(깨지다)의 과거분사는 불규칙형으로 roto인데, 수동태에서는 과거분사가 주어의 성, 수에 일치해야 하기 때문에 여성형에 맞는 rota로 쓴 것입니다. 몇 가지 수동태 예문을 더 볼까요?

La puerta *está* cerrada. 문이 닫혔다.

Las mesas *están* rotas. 책상들이 부서졌다.

2. Tengo que denunciar ahora mismo. 지금 당장 신고해야겠어.

'tener que+동사원형'은 '~해야 한다'라는 뜻입니다. tener는 불규칙동사로 다음과 같이 변합니다.

tengo 뗑고	tenemos 떼네모스
tienes 띠에네스	tenéis 떼네이스
tiene 띠에네	tienen 띠에넨

3. Los ladrones van a ser capturados por la polícia. 도둑들은 경찰에 잡힐 거야.

'ir+a+동사원형'은 '~할 것이다'라는 뜻으로 단순한 미래를 나타냅니다. ir는 불규칙동사로 다음과 같이 변합니다.

voy 보이	vamos 바모스
vas 바스	vais 바이스
va 바	van 반

새로 나온 단어

ventana 벤따나	창문	**capturados** 깝뚜라도스	capturar(잡다)의 과거분사 남성 복수형
rota 로따	romper(깨지다)의 과거분사 여성 단수형		
pero 뻬로	그런데, 그러나	**polícia** 뽈리씨아	경찰
encuentro 엔꾸엔뜨로	encontrar(만나다, 찾다)의 1인칭 단수형	**primero** 쁘리메로	먼저
		comida 꼬미다	음식
joya 호야	보석	**ya** 야	벌써, 이제
denunciar 데눈씨아르	신고하다	**preparada** 쁘레빠라다	preparar(준비하다)의 과거분사 여성 단수형
ahora mismo 아오라 미스모	바로 지금		
ladrón 라드론	도둑	**mejor** 메호르	더 나은

Eunhee : **¿Todo el plan está chequeado de nuevo?**
또도　엘 쁠란　에스따 체께아도　데 누에보

Julio : **Sí, ya estamos listos para el viaje.**
씨　야　에스따모스　리스또스 빠라　엘 비아헤

Eunhee : **Tenemos reservadas dos habitaciones.**
떼네모스　레세르바다스　도스 아비따씨오네스

Julio : **No, tenemos que reservar una más.**
노　떼네모스　께　레세르바르　우나　마스

Mis amigos tienen previsto llegar allí más tarde.
미스　아미고스　띠에넨　쁘레비스또　예가르　아이 마스　따르데

Eunhee : **Todas las habitaciones están llenas.**
또다스　라스 아비따씨오네스　에스딴　예나스

Tengo que buscar otro hotel.
뗑고　께　부스까르　오뜨로 오뗄

Julio : **Sí, por favor.**
씨　뽀르　빠보르

은희 : 계획은 전부 다시 체크됐니?

훌리오 : 응. 이제 여행 갈 준비가 다 됐어.

은희 : 우리 방 두 개 예약했어.

훌리오 : 안돼. 하나 더 해야 돼.
내 친구들이 그쪽으로 늦게 오기로 했어.

은희 : 모든 방이 다 찼대.
다른 호텔을 찾아봐야겠다.

훌리오 : 응, 부탁할게.

4. ¿Todo el plan está chequeado de nuevo? 계획은 전부 다시 체크됐니?

스페인어에서 영어의 be동사에 해당되는 동사는 ser와 estar가 있습니다. 따라서 수동태 역시 'ser+과거분사', 'estar+과거분사'의 두 가지 형태로 만들 수 있습니다. 'ser+과거분사'는 '동작'의 수동, 'estar+과거분사'는 '상태'의 수동, 즉 이미 완료된 표현을 나타냅니다.

La ventana *es* abierta. 창문이 열리고 있다.

El edificio *es* construido. 건물이 세워지고 있다.

El árbol *es* cortado. 나무가 잘리고 있다.

La ventana *está* abierta. 창문이 열려 있다.

El libro *está* escrito en español por el autor. 책은 작가에 의해 스페인어로 쓰여졌다.

5. Sí, ya estamos listos para el viaje. 응, 이제 여행 갈 준비가 다 됐어.

스페인어에는 ser와 쓰이냐, estar와 쓰이냐에 따라 뜻이 달라지는 형용사가 몇 가지 있습니다. listo도 그중 하나인데, ser listo는 '똑똑하다'라는 뜻이지만, estar listo는 '준비된'이라는 뜻으로 쓰입니다.

	ser	estar
listo 리스또	똑똑한	준비된
bueno 부에노/malo 말로	(사물의 질이나 사람의 성격이) 좋은/나쁜	(음식이나 몸의 상태가) 좋은/나쁜
verde 베르데	푸른	(사람이) 서투른, 덜 익은
rico 리꼬	부유한	맛있는

새로 나온 단어

plan 쁠란 — 계획
chequeado 체께아도 — chequear(체크하다)의 과거분사
de nuevo 데 누에보 — 다시
listo 리스또 — 부지런한, 준비된
viaje 비아헤 — 여행
habitación 아비따씨온 — 방
reservar 레세르바르 — 예약하다

previsto 쁘레비스또 — prever(예정, 준비하다)의 과거분사
llegar 예가르 — 도착하다
allí 아이 — 거기, 그쪽에
tarde 따르데 — 늦게
lleno 예노 — 꽉 찬
buscar 부스까르 — 찾다

Isabel es respetada entre los compañeros.
이사벨 에스 레스뻬따다   엔뜨레 로스 꼼빠녜로스
이사벨은 동료들 사이에서 존경받는다.

La puerta está cerrada por mi amigo.
라 뿌에르따 에스따 쎄라다   뽀르 미 아미고
문이 내 친구에 의해 닫혔다.

El libro está escrito por Paulo Coelho.
엘 리브로 에스따 에스끄리또 뽀르 빠울로   꼬엘료
이 책은 파울로 코엘료에 의해 쓰여졌다.

El nuevo continente está descubierto.
엘 누에보   꼰띠넨떼   에스따 데스꾸비에르또
신대륙이 발견되었다.

Recibo una carta escrita en inglés.
레씨보   우나 까르따 에스끄리따 엔 잉글레스
나는 영어로 쓰인 편지를 받았다.

El soldado está muerto por su enemigo.
엘 솔다도   에스따 무에르또 뽀르 쑤 에네미고
군인은 적에 의해 죽었다.

El problema está resuelto.
엘 쁘로블레마   에스따 레수엘또
문제가 해결되었다.

Estoy muy cansada.
에스또이 무이   깐싸다
나는 매우 피곤하다.

Estamos muy satisfechos.
에스따모스   무이   싸띠스페초스
우리는 아주 만족스럽다.

El ladrón es capturado por la polícia.
엘 라드론   에스 깝뚜라도   뽀르 라 뽈리씨아
도둑은 경찰에 의해 잡혔다.

Tip
과거분사를 형용사처럼 쓸 수도 있습니다. 다만 성, 수의 일치에 주의해야 합니다.

Tip
resolver(해결하다)의 과거분사는 불규칙형으로 resuelto입니다. 비슷한 형태로 volver(돌아가다)의 과거분사는 vuelto입니다.

Tip
satisfacer(만족시키다, 만족하게 하다)의 과거분사는 불규칙형으로 satisfecho입니다. 비슷한 형태로 hacer(하다)의 과거분사는 hecho입니다.

La montaña está cubierta por la nieve.
라 몬따냐　에스따 꾸비에르따 뽀르 라 니에베
산은 눈으로 덮여 있다.

La cerveza es fabricada en esta fábrica.
라 쎄르베싸　에스 파브리까다　엔 에스따 파브리까
맥주는 이 공장에서 생산돈다.

Julia es amada por sus padres.
훌리아 에스 아마다　뽀르 쑤스 빠드레스
훌리아는 부모님께 사랑받는다.

Este barrio está destruido por la guerra.
에스떼 바ㄹ리오 에스따 ㄷ1스뜨루이도 뽀르 라 게ㄹ라
이 동네는 전쟁으로 파괴되었다.

Los perros están muertos por el calor.
로스 뻬ㄹ로스　에스딴 무에르또스　뽀르 엘 깔로르
개들이 더위로 죽었다.

El actor es aplaudido por los espectadores.
엘 악또르 에스 아쁠라우디도　뽀르 로스 에스뻭따도레스
배우는 관중들에게 박수를 받았다.

주요표현 단어

respetado	레스뻬따도	respetar(존경하다)의 과거둔사	**cerveza**	쎄르베싸	맥주
entre	엔뜨레	~사이에	**fabricado**	파브리까도	fabricar(생산하다)의 과거분사
compañero	꼼빠녜로	동료	**fábrica**	파브리까	공장
puerta	뿌에르따	문	**amado**	아마도	amar(사랑하다)의 과거분사
cerrado	쎄라도	cerrar(닫다)의 과거분사	**padres**	빠드레스	부모님
amigo	아미고	친구	**barrio**	바리오	동네
muerto	무에르또	morir(죽다)의 과거분사	**destruido**	데스뜨루이도	destruir(파괴하다)의 과거분사
enemigo	에네미고	적	**guerra**	게ㄹ라	전쟁
problema	쁘로블레마	문제	**perro**	뻬ㄹ로	개
resuelto	레쑤엘또	resolver(해결하다)의 과거분사	**calor**	깔로르	더위
cansado	깐싸도	피곤한	**actor**	악또르	배우
satisfecho	싸띠스페초	satisfacer(만족시키다)의 과거분사	**aplaudido**	아쁠라우디도	aplaudir(박수 치다, 갈채를 보내다)의 과거분사
cubierto	꾸비에르또	cubrir(덮다)의 과거분사	**espectador**	에스뻭따도르	관중

동사원형을 과거분사로 만드는 법

이번에는 과거분사에 대해 알아보겠습니다.

1. 먼저 규칙형태의 과거분사를 만드는 법입니다.

-ar로 끝나는 동사는 ar 대신 ado를 붙여주고, -er, -ir로 끝나는 동사는 er와 ir 대신 ido를 붙여주면 됩니다.

hablar → hablado 말하다   comer → comido 먹다   vivir → vivido 가다

2. 불규칙형태의 과거분사는 어떻게 만들까요?

과거분사가 -to로 끝나는 동사들

abrir → abierto 열다   escribir → escrito 쓰다   romper → roto 깨다

morir → muerto 죽다   poner → puesto 놓다

과거분사가 -cho로 끝나는 동사들

hacer → hecho 하다   decir → dicho 말하다

이외에 규칙과 불규칙 두 형태를 다 사용하는 동사들이 있습니다.

bendecir 〉 bendecido, bendito 축복하다   elegir 〉 elegido, electo 선출하다

불규칙 형태는 주로 형용사처럼 쓰입니다.

el niño **bendito** 축복받은 아이   la presidenta **electa** 선출된 대통령

이렇게 만든 과거분사는 어디에 쓸까요?

먼저 형용사처럼 쓸 수 있습니다. 형용사처럼 쓸 수 있으니 명사를 직접 수식하거나 보어로 쓰이겠죠? 당연히 수식하는 명사의 성, 수와 일치해야 합니다.

la ventana **rota** 깨진 창문   La ventana está **rota**. 창문이 깨져 있다.

las puertas **abiertas** 열린 문들   Las puertas están **abiertas**. 문들이 열려 있다.

el perro **muerto** 죽은 개   El perro está **muerto**. 개가 죽어 있다.

그리고 ser 또는 estar 동사와 함께 수동태 문장을 만들 수도 있습니다.

Ellos son muy conocidos en **esta** universidad. 그들은 이 대학에서 매우 잘 알려져 있다.

La puerta es **abierta** por mi madre. 문이 엄마에 의해 열렸다.

Las manzanas están **vendidas**. 사과가 팔렸다.

1. 다음의 문장을 수동태로 바꿔 써 보세요.

1) Mi madre cierra la ventana.

2) El autor escribe el poema.

3) Mi novio hace el espaguetis.

4) Los ladrones destruyen la escuela.

- •madre : 어머니
- •cerrar : 닫다
- •ventana : 창문
- •autor : 작가
- •poema : 시
- •destruir : 파괴하다

2. 괄호에 알맞은 과거분사 형태를 넣으세요.

1) Los perros (   ). 죽은 개들
2) El actor (   ). 유명한 배우(알려진 배우)
3) Las ventanas (   ). 깨진 창문들
4) La montaña (   ) por el nieve. 눈 덮인 산
5) El periódico (   ). 팔린 신문

- •conocer : 알리다
- •montaña : 산
- •cubrir : 덮다
- •nieve : 눈
- •periódico : 신문

3. 다음 문장의 틀린 부분을 바르게 고치세요.

1) Los soldados están muerto por la guerra.
2) Tenemos una mesa roto.
3) Esta carta está escribida en español.
4) La puerta está abrida por mi madre.

- •soldado : 군인
- •guerra : 전쟁

▶ 직업

empleado 회사원
엠쁠레아도

polícia 경찰
뽈리씨아

banquero 은행원
방께로

cocinero 요리사
꼬씨네로

trabajador 노동자
뜨라바하도르

enfermero 간호사
엔페르메로

pintor 화가
삔또르

doctor 의사
독또르

estudiante 에스뚜디안떼 학생	**profesor** 쁘로페쏘르 선생님
periodista 뻬리오디스따 기자	**actor** 악또르 배우
ama de casa 아마 데 까사 주부	**empresario** 엠쁘레사리오 사업가
investigador 인베스띠가도르 연구원	**funcionario** 푼씨오나리오 공무원
peluquero 뻴루께로 미용사	**guía** 기아 여행가이드, 안내원
conductor 꼰둑또르 운전사	**universitario** 우니베르시따리오 대학생
arquitecto 아르끼떽또 건축가	**secretario** 쎄끄레따리오 비서
vendedor 벤데도르 판매원	**jefe** 헤페 사장
abogado 아보가도 변호사	**técnico** 떽니꼬 기술자
campesino 깜뻬씨노 농부	**diseñador** 디쎄냐도르 디자이너
cantante 깐딴떼 가수	**modelo** 모델로 모델
piloto 삘로또 파일럿, 비행사	**pescador** 뻬스까도르 어부
director 디렉또르 영화감독	**juez** 후에스 판사

아르헨티나의 이과수(Iguazú) 폭포

'악마의 목구멍'이라는 말을 들어보셨나요? 아르헨티나 이과수 폭포에서 가장 수량이 많은 부분을 이르는 말입니다. 이과수 폭포는 아르헨티나 북부부터 브라질에 걸쳐 있는 곳으로 유네스코 지정 세계유산에 등록된 곳이지요. 나이아가라 폭포, 빅토리아 폭포와 함께 세계 3대 폭포로 손꼽히기도 합니다.

이과수 국립공원에 들어가 악마의 목구멍 앞에 서면, 엄청난 물소리와 끝을 알 수 없이 떨어지는 폭포와 물보라에 압도됩니다. 마치 누가 잡아당기기라도 할까봐 조금 무서워지기도 하지요. 이과수 폭포는 위대한 자연을 느낄 수 있는 곳으로, 이 장관 앞에서 살짝 눈물이 날 수도 있습니다. 맑은 날씨에 끊임없이 물이 떨어지기 때문에 곳곳에서 선명한 무지개를 구경할 수도 있답니다.

이과수에서는 보트 투어도 할 수 있습니다. 보트 투어는 30분 내외로 끝나지만, 폭포 밑으로 쑥 들어갔다가 나오는 경험이 짜릿하지요. 이과수 지역은 보통 아주 덥지만, 보트 투어를 하고 나면 옷이 젖기 때문에 겉옷을 준비하는 것이 좋습니다.

Unit 12

¿Cuánto tiempo has viajado por el mundo?

세계를 여행한 지 얼마나 됐니?

기본회화

Jihee : **¿Cuánto tiempo has viajado por el mundo?**
꽌또 띠엠뽀 아스 비아하도 뽀르 엘 문도

Raúl : **He viajado desde hace dos años.**
에 비아하도 데스데 아쎄 도스 아뇨스

Jihee : **¿Has visitado Turquía?**
아스 비시따도 뚜르끼아

Raúl : **Todavía no.**
또다비아 노

Pero tengo un plan para ir allí.
뻬로 뗑고 운 쁠란 빠라 이르 아이

Jihee : **Mis padres han vivido en Turquía.**
미스 빠드레스 안 비비도 엔 뚜르끼아

Raúl : **¿De verdad? ¿Desde hace cuándo?**
데 베르닷 데스데 아쎄 꽌도

Jihee : **Desde hace seis meses.**
데스데 아쎄 쎄이스 메세스

지희 : 세계를 여행한 지 얼마나 됐니?

라울 : 2년 전부터 여행했어.

지희 : 터키에 가 봤니?

라울 : 아직 안 가 봤어.

하지만 갈 계획이야.

지희 : 우리 부모님이 터키에 사셔.

라울 : 진짜? 언제부터?

지희 : 6개월 전부터.

기본회화 해설

1. ¿Cuánto tiempo has viajado por el mundo? 세계를 여행한 지 얼마나 됐니?

직설법 현재완료 형태는 '조동사 haber의 현재형+과거분사'입니다. 일단 haber는 인칭대명사에 따라 다음과 같이 변합니다.

he 에	hemos 에모스
has 아스	habéis 아베이스
ha 아	han 안

가까운 과거나 과거에 일어난 행위가 현재까지 영향을 미치는 경우에 사용됩니다.

He comprado una ropa. 나는 옷을 샀다.

Todavía no *he* desayunado. 나는 아직 아침을 덕지 않았다.

Él no *ha* venidotodavía. 그는 아직 오지 않았다.

2. He viajado desde hace dos años. 2년 전부터 여행했어.

'desde hace+기간'은 '~전부터'라는 뜻입니다. 현재완료는 이렇게 과거에 일어난 행위가 현재까지 연결되는 경우나 현재와 관련이 있는 부사인 hoy(오늘), esta mañana(오늘 아침), esta tarde(오늘 오후), esta noche(오늘 밤), esta semana(이번 주), todavía(아직) 등과 함께 쓰입니다.

3. ¿De verdad? 진짜?

이 문장과 비슷한 표현으로 ¿En serio?, ¿Verdad? 등이 있습니다.

4. ¿Desde hace cuándo? 언제부터?

'desde hace+기간'이 '~전부터'라는 뜻이므로, desde hace cuándo라고 하면 '언제부터'라는 뜻이 됩니다.

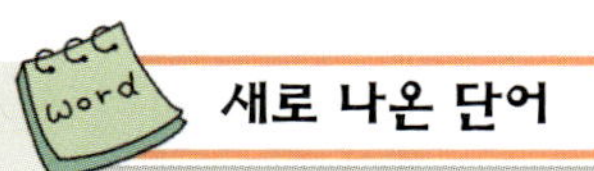 새로 나온 단어

cuánto 꽌또	몇, 얼마	**todavía** 또다비아	아직
tiempo 띠엠뽀	시간	**plan** 쁠란	계획
viajar 비아하르	여행하다	**Turquía** 뚜르끼아	터키
mundo 문도	세계	**verdad** 베르닷	사실
desde hace 데스데 아쎄	~전부터	**mes** 메스	달, 월

Jihee : **Al fin, he leído hasta el final de la novela en español.**
알 핀 에 레이도 아스따 엘 피날 데 라 노벨라 엔 에스빠뇰

Raúl : **¿Cuál novela?**
꽐 노벨라

Jihee : **Se llama Cien años de soledad.**
쎄 야마 씨엔 아뇨스 데 쏠레닷

Es de Gabriel Garcia Marquez.
에스 데 가브리엘 가르시아 마르께스

Raúl : **¡Genial!**
헤니알

Este mes he escrito un ensayo sobre el autor.
에스떼 메스 에 에스끄리또 운 엔싸요 쏘브레 엘 아우또르

Ese libro ha sido uno de los libros más vendidos del mundo.
에쎄 리브로 아 씨도 우노 데 로스 리브로스 마스 벤디도스 델 문도

Jihee : **Sí. Es un poco difícil, pero vale la pena leerlo.**
씨 에스 운 뽀꼬 디피씰 뻬로 발레 라 뻬나 레에르로

해석

지희 : 드디어 스페인어로 된 소설을 끝까지 다 읽었어.
라울 : 무슨 소설?
지희 : 책 제목은 ≪백년의 고독≫이야.
　　　 가브리엘 가르시아 마르케스가 썼어.
라울 : 멋지다!
　　　 이번 달에 그 작가에 대해 에세이를 썼어.
　　　 그 책은 세계에서 가장 많이 팔린 책 중 하나야.
지희 : 응. 조금 어렵지만 읽을 만한 가치가 있어.

5. Al fin, he leído hasta el final de la novela en español.

드디어 스페인어로 된 소설을 끝까지 다 읽었어.

'haber+과거분사' 형태는 현재완료의 뜻을 나타냅니다. leer의 과거분사는 규칙적으로 변화해 leído가 되지요. 그렇다면 과거분사의 불규칙 형태 변화에 대해 알아봅시다. 과거분사의 불규칙 형태로는 어미가 -to로 끝나는 것들과, -cho로 끝나는 것들이 있습니다.

- 어미가 -to 로 끝나는 과거분사의 불규칙 형태

abrir – abier*to* 열다   escribir – escri*to* 쓰다   morir – muer*to* 죽다

romper – ro*to* 깨다   ver – vis*to* 보다

- 어미가 -cho 로 끝나는 과거분사의 불규칙 형태

decir – dicho 말하다   hacer – hecho 하다

5. Ese libro ha sido uno de los libros más vendidos del mundo.

그 책은 세계에서 가장 많이 팔린 책 중 하나야.

과거분사가 형용사로 쓰일 때는 수식하는 명사와 성, 수가 일치해야 합니다.

casa vendida 팔린 집   ventanas rotas 깨진 창문들

perros muertos 죽은 개들   puerta abierta 열린 문

6. Es un poco difícil, pero vale la pena leerlo. 조금 어렵지만 읽을 만한 가치가 있어.

vale la pena는 보통 동사원형과 쓰여 '~할 가치가 있다'라는 뜻으로 쓰입니다. 숙어로 알아두면 사용하기 편합니다.

Vale la pena esperar. 기다릴 가치가 있다.

Vale la pena estudiar español. 스페인어를 공부할 가치가 있다.

새로 나온 단어

al fin 알 핀	드디어	**genial** 헤니알	멋진, 훌륭한
leído 레이도	leer(읽다)의 과거분사	**ensayo** 엔싸요	에세이
hasta 아스따	~까지	**autor** 아우또르	작가
final 피날	끝	**vendido** 벤디도	vender(팔다)의 과거분사
novela 노벨라	소설	**mundo** 문도	세계
soledad 쏠레닷	고독	**vale la pena** 발레 라 뻬나	~할 가치가 있다

El tren ha llegado.
엘 뜨렌 아 예가도
기차가 도착했다.

Todavía no han llegado las cartas.
또다비아 노 안 예가도 라스 까르따스
아직 편지가 도착하지 않았다.

¿Has terminado la tarea?
아스 떼르미나도 라 따레아
너는 과제를 끝냈니?

Este mes he recibido tres cartas de mi amigo.
에스떼 메스 에 레씨비도 뜨레스 까르따스 데 미 아미고
이번 달에 나는 내 친구로부터 세 통의 편지를 받았다.

He vivido en España hasta este verano.
에 비비도 엔 에스빠냐 아스따 에스떼 베라노
올 여름까지 나는 스페인에 살았다.

Ha nevado mucho este invierno.
아 네바도 무초 에스떼 인비에르노
올 겨울에는 눈이 아주 많이 왔다.

¿Desde cuándo has aprendido español?
데스데 꽌도 아스 아쁘렌디도 에스빠뇰
언제부터 스페인어를 배웠니?

Hemos aprendido español desde hace tres años.
에모스 아쁘렌디도 에스빠뇰 데스데 아쎄 뜨레스 아뇨스
우리는 3년 전부터 스페인어를 배웠어.

Nunca hemos estado en Cuba.
눈까 에모스 에스따도 엔 꾸바
나는 쿠바에 가 본 적이 없다.

He recibido buenas notas durante este semestre.
에 레씨비도 부에나스 노따스 두란떼 에스떼 쎄메스뜨레
이번 학기에 나는 좋은 성적을 받았다.

Tip
현재완료 형태의 문장에서는 todavía, hoy, esta mañana, esta noche 등의 부사가 자주 쓰이는 편입니다.

Tip
estado는 estar의 과거분사 형태로 주어의 위치를 나타냅니다.

Todavía no he visto la película.
또다비아　노　에　비스또　라 뻴리꿀라
나는 아직 그 영화를 보지 않았다.

¿Has cenado?
아스　쎄나도
저녁 먹었니?

Hemos viajado a Perú este año.
에모스　비아하도　아 뻬루　에스떼 아뇨
올해 나는 페루를 여행했다.

Esta semana he practicado el baile del flamenco.
에스따 쎄마나　에 쁘락띠까도　엘 바일레 델 플라멘꼬
이번 주에 나는 플라멩코 춤을 연습했다.

¿Por qué no has venido hoy?
뽀르 께　노　아스 베니도　오이
오늘 왜 오지 않았니?

He dormido todo el día.
에　도르미도　또도 엘 디아
나 오늘 하루 종일 잤어.

word power 주요표현 단어

tren 뜨렌	기차	**cenado** 쎄나도	cenar(저녁 먹다)의 과거분사
llegado 예가도	llegar(도착하다)의 과거분사	**viajado** 비아하도	viajar(여행하다)의 과거분사
carta 까르따	편지	**Perú** 뻬루	페루
terminado 떼르미나도	terminar(끝나다)의 과거분사	**semana** 쎄마나	주
tarea 따레아	숙제	**practicado** 쁘락띠까도	practicar(연습하다)의 과거분사
este mes 에스떼 메스	이번 달		
recibido 레씨비도	recibir(받다)의 과거분사	**baile** 바일레	춤
verano 베라노	여름	**flamenco** 쁠라멘꼬	플라멩코
bueno 부에노	좋은	**venido** 베니도	venir(오다)의 과거분사
nota 노따	점수	**hoy** 오이	오늘
durante 두란떼	~동안	**dormido** 도르미도	dormir(자다)의 과거분사
semestre 쎄메스뜨레	학기	**todo el día** 또도 엘 디아	하루 종일

조동사 haber의 현재완료형

'조동사 haber의 직설법 현재+과거분사'는 직설법 현재완료가 됩니다. hablar, comer, vivir 동사의 직설법 현재완료 형태를 볼까요?

인칭	단수	복수	과거분사
1인칭	he	hemos	hablado
2인칭	has	habéis	comido
3인칭	ha	han	vivido

현재완료는 과거에 시작된 행위가 현재와 관련이 있을 때 사용합니다.

1. 동작 혹은 행위가 완료된 현재 상태를 나타냅니다.

   Han llegado los profesores. 선생님들이 도착했다. 〈현재 상태〉

   El autobús **ha** partido. 버스가 떠났다. 〈현재 상태〉

2. 오늘, 이번 주, 이번 달, 올해, 금세기 등에 이뤄진 것을 표현합니다.

   따라서 esta mañana, esta semana, este mes, este año, este siglo와 같은 표현과 쓰입니다.

3. 현재까지의 경험이나 현재까지 지속되고 있는 동작을 나타냅니다.

● **불규칙동사 haber**

haber가 조동사 말고 동사로 쓰일 때에는 사람이나 사물이 '~에 있다'라는 뜻입니다. 이 표현은 3인칭 단수형태로만 쓰여 ha가 아니라 특수형인 hay를 씁니다.

1. hay ~가 있다 : 주로 무인칭 표현에 쓰이고 단·복수형은 따로 없습니다.

   ¿Qué **hay** en esta habitación? 이 방에 무엇이 있습니까?

   Hay muchos libros. 많은 책들이 있습니다.

   hay 다음에 오는 명사는 정관사와 함께 쓰이지 않습니다. 특정한 사람이나 사물이면 hay가 아닌 estar 동사를 써야 합니다.

   Aquí **están** los autores. 여기 그 작가들이 있다.

2. hay que V ~를 해야만 한다 : 주로 무인칭 표현에 쓰입니다.

   Hay que estudiar mucho. 공부를 열심히 해야 한다.

   특정한 사람이 주어가 될 경우에는 앞서 배운 'tener que+동사원형'을 써야 합니다.

   Tengo que estudiar mucho. 나는 공부를 열심히 해야 한다.

1. 괄호 안의 동사를 활용해 현재완료 형태를 만드세요.

1) (Ver) la televisión desde esta mañana.
   오늘 아침부터 나는 텔레비전을 봤다.

2) Todavía no (tomar) la cerveza.
   나는 아직 맥주를 마시지 않았다.

3) ¿(Escuchar) la música japonesa?
   당신들은 일본 음악을 들어본 적 있나요?

4) ¿(Ir) a España? 너희들은 스페인에 가 본 적이 있니?

2. 다음 문장에서 틀린 부분을 바르게 고치세요.

1) Hemos cocinando la sopa.
2) He viajando por todo el mundo.
3) ¿Has rompido la ventana?
4) Ellas hemos vendida las frutas.

3. 다음을 스페인어로 작문하세요.

1) 오늘 그들은 학교에 오지 않았다.

2) 그녀들은 아직 요리하지 않았다.

3) 나는 오늘 아침부터 편지를 쓴다.

4) 너희들은 오늘 오후부터 맥주를 마신다.

note

•cerveza : 맥주
•japonés / japonesa :
  일본의

•sopa : 수프
•ventana : 창문
•vender : 팔다
•fruta : 과일

정답

1. 1) Hemos visto 2) he tomado 3) Han escuchado 4) Habéis ido **2.** 1) Hemos cocinado la sopa. 2) He viajado por todo el mundo. 3) ¿Has roto la ventana? 4) Ellas han vendido las frutas. **3.** 1) Hoy ellos no han venido a la escuela. 2) Ellas todavía no han cocinado. 3) He escrito la carta desde esta mañana. 4) Habéis tomado la cerveza desde esta tarde.

▶ 신체를 나타내는 단어

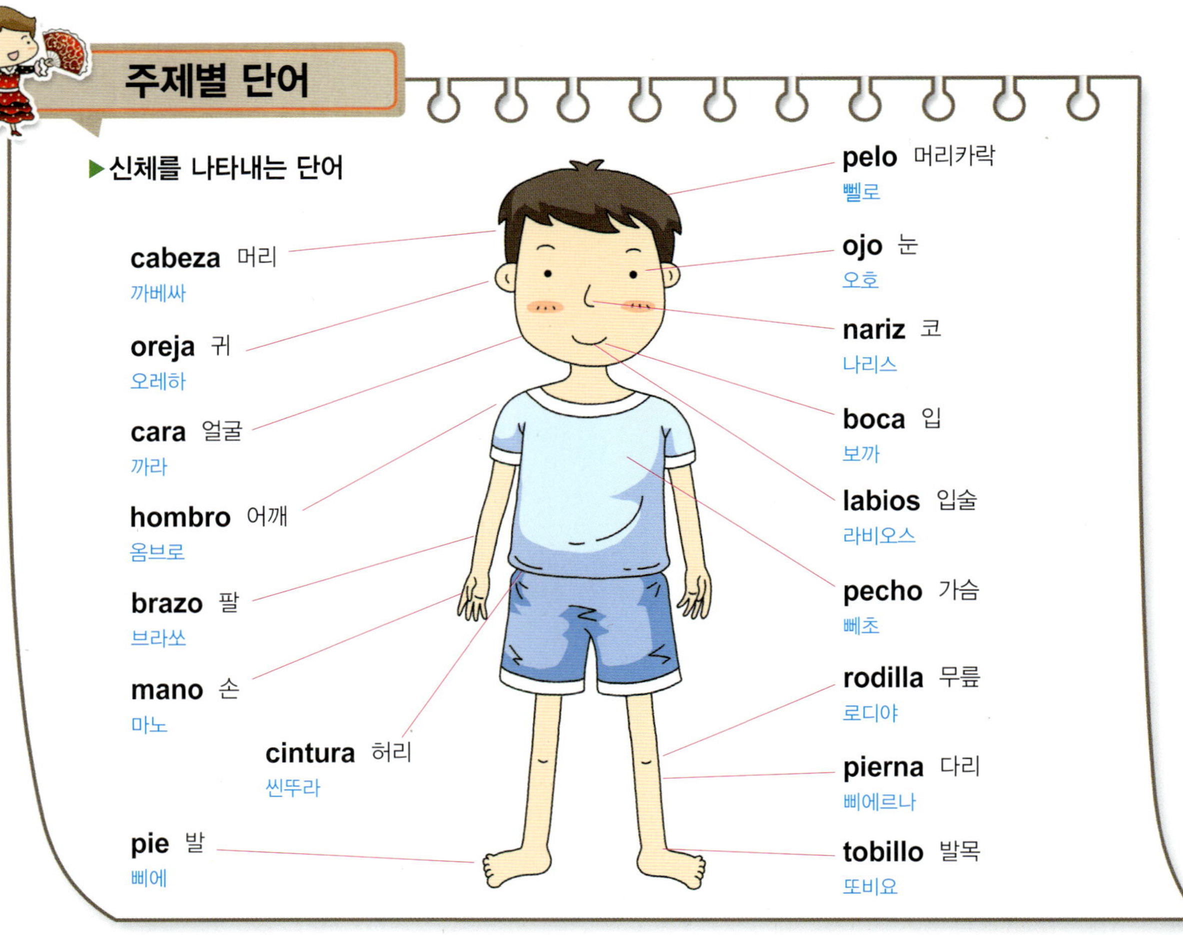

〈병 관련 단어〉

doctor 독또르 의사	**enfermero** 엔페르메로 간호사
paciente 빠씨엔떼 환자	**receta** 레쎄따 처방전
medicina 메디씨나 약	**fiebre** 피에브레 열
mareado 마레아도 어지러운	**dolor de diente** 돌로르 데 디엔떼 치통
inyectar 인옉따르 주사를 놓다	**marear** 마레아르 멀미하다
resfriado 레스프리아도 감기	**cansado** 깐싸도 피곤한
moco 모꼬 콧물	**tos** 또스 기침
tonsilitis 똔실리띠스 편도염	**gastritis** 가스뜨리띠스 위염
hepatitis 에빠띠띠스 간염	**tensión de sangre** 뗀씨온 데 상그레 혈압
curar 꾸라르 치료하다	**herida** 에리다 부상, 상처
torcerse 또르쎄르쎄 삐다	**quemadero** 께마데로 화상
digerir 디헤리르 소화하다	**estreñimiento** 에스뜨레니미엔또 변비
diarrea 디아레아 설사	**vomitar** 보미따르 토하다
apetito 아뻬띠또 식욕	**picar** 삐까르 가렵다
sangre 상그레 피	**temperatura** 뗌뻬라뚜라 체온

콜롬비아의 커피

    콜롬비아 커피는 품질면에서 세계 1위로 알려져 있습니다. 안데스 산맥은 온화한 기후와 비옥한 토양으로 맛있는 커피를 생산하기에 적절한 재배 조건을 갖추고 있습니다. 콜롬비아는 커피 생산자 협회를 조직하여 커피나무를 보호하고 자국 내로 들어오는 모든 차량을 소독하는 등 좋은 커피 품질을 유지하기 위한 정책을 펴고 있습니다.

    커피는 생두의 크기에 따라 4등급으로 나뉩니다. 그중에서도 수프레모(Supremo)는 주로 스페셜티 커피에 쓰는 최고급을 뜻하고, 엑셀소(Excelso)는 수출용 표준 등급입니다. 특히 아라비카(Arabica) 품종은 안데스 중앙과 동부에서 생산되는데, 일반적으로 부드러운 신맛과 단맛이 풍부하며 초콜릿 향과 같은 풍미가 강합니다.

    유네스코가 지정한 세계유산이기도 한 '콜롬비아 커피문화 경관'은 커피 재배 지역의 독창적인 문화를 유지하면서 지속 가능한 문화경관을 보흐하는 좋은 사례입니다. 콜롬비아 안데스 산맥의 중앙부와 서부의 6개 농경지가 이에 해당됩니다. 이 문화경관에서 100년이 넘는 동안 콜롬비아 농부들이 전통적으로 어떻게 커피를 재배했는지 엿볼 수 있습니다.

Soy más guapo que él.

나는 그보다 잘생겼어.

기본회화

Sungwon : **¿Quién es tu mejor amigo en esta clase?**
끼엔 에스 뚜 메호르 아미고 엔 에스따 끌라쎄

Sánchez : **Es Carlos.**
에스 까를로스

Sungwon : **¿Cómo es él?**
꼬모 에스 엘

Sánchez : **Es más alto que yo.**
에스 마스 알또 께 요

Y siempre obtiene mejores notas que yo.
이 씨엠쁘레 옵띠에네 메호레스 노따스 께 요

Pero soy más guapo que él.
뻬로 쏘이 마스 구아쁘 께 엘

Sungwon : **¿En serio?**
엔 쎄리오

Sánchez : **Sí. Es más feo que yo.**
씨 에스 마스 페오 께 요

해석

성원 : 이 반에서 너와 가장 친한 친구가 누구니?
산체스 : 카를로스야.
성원 : 그는 어떤 사람이니?
산체스 : 나보다 키가 커.
그리고 나보다 항상 좋은 성적을 받아.
하지만 내가 그보다 잘생겼어.
성원 : 진짜야?
산체스 : 응. 그는 나보다 못생겼어.

1. ¿Quién es tu mejor amigo en esta clase? 이 반에서 누가 너의 제일 친한 친구니?

몇 가지 비교급과 최상급에 대해 알아보겠습니다.

원급	비교급	최상급
bueno	mejor	el mejor
malo	peor	el peor

Tiene *buenos* zapatos. 당신은 좋은 신발을 가지고 있다.

Tiene *mejores* zapatos que yo. 당신은 나보다 좋은 신발을 가지고 있다.

Esta habitación es *peor* que aquella. 이 방은 저 방보다 좋지 않다.

Esta habitación es *la peor* en esta casa. 이 방은 이 집에서 최악이다.

2. Es más alto que yo. 나보다 키가 크다.

'más+형용사+que'를 쓰면 '~보다 더 ~하다'라는 뜻이 됩니다. más 대신 menos를 쓰면 '~보다 덜하다'라는 뜻이 됩니다.

Esta habitación es *más* grande *que* esa. 이 방은 그 방보다 더 크다.

Mi hermana menor es *menos* alta *que* mi novia. 내 여동생은 여자친구보다 키가 작다.

3. Y siempre obtiene mejores notas que yo. 그리고 나보다 항상 좋은 성적을 받아.

양적인 비교를 할 때는 'más/menor+que+형용사'를, 질적인 비교를 할 때는 'mejor/peor+que+형용사'를 쓰는데, 다음 예문을 통해 알아보겠습니다.

Él tiene *más* libros *que* yo. 그는 나보다 책을 더 가지고 있다. 〈양적인 비교〉

Ella tiene *menos* rosas *que* yo. 그녀는 나보다 장미를 덜 가지고 있다. 〈양적인 비교〉

Esta medicina tiene *mejor* efecto *que* esa. 이 약은 그 약보다 더 나은 효과가 있다. 〈질적인 비교〉

새로 나온 단어

mejor 메호르	최고	**nota** 노따	점수
amigo 아미고	친구	**pero** 뻬로	그러나
clase 끌라쎄	수업, 교실	**guapo** 구아쁘	잘생긴
más 마스	더	**¿En serio?** 엔 쎄리오	진짜로?
siempre 씨엠쁘레	항상	**feo** 페오	못생긴
obtiene 옵띠에네	obtener(획득하다)의 3인칭 단수형		

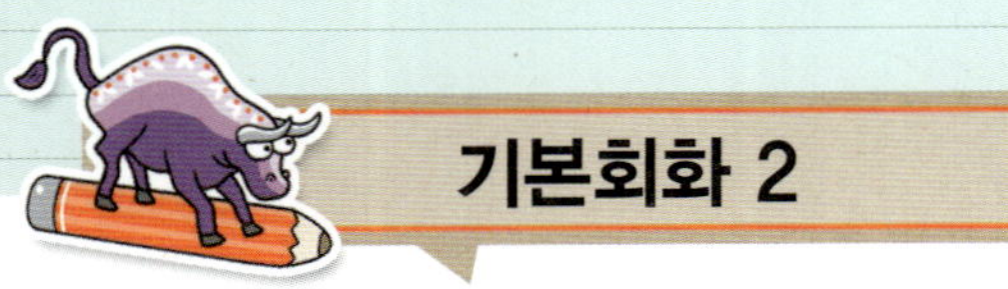

기본회화 2

Sungwon : **Mi hermana menor es superior a mí en todos los aspectos.**
미 에르마나 메노르 에스 수뻬리오르 아 미 엔 또도스 로스 아스뻭또스

Ella es más guapa e inteligente que yo.
에야 에스 마스 구아빠 에 인뗄리헨떼 께 요

Sánchez : **No lo creo.**
노 로 끄레오

No eres inferior a tu hermana.
노 에레스 인페리오르 아 뚜 에르마나

Eres tan guapa e inteligente como ella.
에레스 딴 구아빠 에 인뗄리헨떼 꼬모 에야

Sungwon : **¿En serio?**
엔 쎄리오

Sánchez : **Sí, claro.**
씨 끌라로

Para mí eres la más perfecta del mundo.
빠라 미 에레스 라 마스 페르펙따 델 문도

해석

성원 : 내 여동생은 모든 면에서 나보다 뛰어나.
그녀는 나보다 예쁘고 똑똑해.
산체스 : 난 그렇게 생각하지 않아.
너는 네 동생보다 못나지 않았어.
너는 그녀만큼 예쁘고 똑똑해.
성원 : 진짜야?
산체스 : 그럼, 당연하지.
나한테 너는 이 세상에서 가장 완벽한 사람이야.

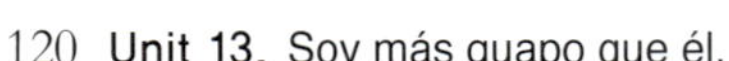

4. Mi hermana menor es superior a mí en todos los aspectos.

내 여동생은 모든 면에서 나보다 뛰어나.

mayor와 menor는 연령 비교를 할 때 주로 쓰입니다.

Ella es *mayor* que yo. 그녀는 나보다 나이가 많다.

Él es *menor* que tú. 그는 너보다 어리다.

superior와 inferior는 전치사 a와 함께 우등·열등을 나타냅니다.

educación *superior* 고등 교육　　　　　　　nivel *inferior* 더 낮은 단계

Los ingresos son *superiores* a los gastos. 수입이 지출보다 많다.

La tasa de desempleo es *inferior* al 50%. 실업률은 50%보다 낮다.

5. Eres tan guapa e inteligente como ella.　너는 그녀만큼 예쁘고 똑똑해.

'tan+형용사+como'의 동등 비교급 구문으로, '~만큼 ~하다'라는 뜻입니다. guapa와 inteligente
사이에 y가 아닌 e가 들어간 이유는 앞에서 배웠듯 발음의 혼동이 있을 수 있기 때문입니다.

Esta flor es *tan* bonita *como* esa. 이 꽃은 그 꽃만큼 예쁘다.

Este libro es *tan* difícil *como* aquello. 이 책은 저 책만큼 어렵다.

'tanto+명사+como' 역시 동등 비교급 구문입니다.

Tengo *tantas* rosas *como* tú. 나는 너만큼 많은 장미를 가지고 있다.

Tienes *tantos* libros *como* mi profesor. 너는 우리 선생님만큼 많은 책을 가지고 있다.

6. Para mí eres la más perfecta del mundo.

나한테 너는 이 세상에서 가장 완벽한 사람이야.

'정관사+más/menos+형용사+de/entre' 구문은 우등·열등, 초상급을 나타냅니다.

Eres la *más* alta *entre* tus amigas. 너는 너의 친구들 중에 가장 키가 크다.

Son los *más* inteligentes *del* mundo. 당신들은 세상에서 가장 똑똑해요.

새로 나온 단어

hermana 에르마나	여동생	**inteligente** 인뗄리헨떼	똑똑한
menor 메노르	~보다 어린	**inferior** 인페리오르	~보다 못한
superior 수뻬리오르	~보다 뛰어난	**en serio** 엔 쎄리오	진심으로
aspecto 아스뻭또	측면		

Ella es más alta que yo.
에야 에스 마스 알따 께 요
그녀는 나보다 키가 크다.

Soy más bonito que tú.
쏘이 마스 보니또 께 뚜
나는 너보다 잘생겼다.

Soy menor que tú.
쏘이 메노르 께 뚜
나는 너보다 어리다.

Tienes más libros que ella.
띠에네스 마스 리브로스 께 에야
너는 그녀보다 더 많은 책을 가지고 있다.

Tengo menos experiencia que el profesor.
뗑고 메노스 엑스뻬리엔씨아 께 엘 쁘로페쏘르
나는 교수님보다 경험이 적다.

Mi amigo es menos alto que yo.
미 아미고 에스 메노스 알또 께 요
내 친구는 나보다 키가 작다.

Mi novio come menos que yo.
미 노비오 꼬메 메노스 께 요
내 남자친구는 나보다 덜 먹는다.

동등비교 : tan+형용사/부사
+como

Mi novia come tan rápido como yo.
미 노비아 꼬메 딴 라삐도 꼬모 요
내 여자친구는 나만큼 빨리 먹는다.

비교대상이 같을 경우, 뒤의
명사는 생략해 줍니다. ese
libro(그 책) 대신, 지시대명사
eso(그것)를 사용했습니다.

Este libro es tan bueno como eso.
에스떼 리브로 에스 딴 부에노 꼬모 에쏘
이 책은 그 책처럼 좋다.

Ella no tiene tanta ropa como tú.
에야 노 띠에네 딴따 로빠 꼬모 뚜
그녀는 너만큼 옷이 없다.

Él tiene tantos perfumes como ella.
엘 띠에네 딴또스 뻬르푸메스 꼬모 에야
그는 그녀만큼 향수를 가지고 있다.

Mi novia es la más bonita en la escuela.
미 노비아 에스 라 마스 보니따 엔 라 에스꾸엘라
내 여자친구는 학교에서 제일 예쁘다.

Eres el mejor estudiante en esta clase.
에레스 엘 메호르 에스뚜디안떼 엔 에스따 끌라쎄
너는 이 반에서 가장 훌륭한 학생이다.

Este libro es el más antiguo de la biblioteca.
에스떼 리브로 에스 엘 마스 안띠구오 데 라 비블리오떼까
이 책은 도서관에서 가장 오래됐다.

Cuanto más, tanto mejor.
꽌또 마스 딴또 메호르
많으면 많을수록 좋다.

Cuanto antes, mejor.
꽌또 안떼스 메호르
빠르면 빠를수록 좋다.

주요표현 단어

alto 알또	키 큰	**perfume** 뻬르푸메	향수
bonito 보니또	잘생긴	**escuela** 에스꾸엘라	학교
menor 메노르	～보다 어린	**estudiante** 에스뚜디안떼	학생
experiencia 엑스뻬리엔씨아	경험	**clase** 끌라쎄	교실, 수업
rápido 라삐도	빠른	**antiguo** 안띠구오	오래된
ropa 로빠	옷	**biblioteca** 비블리오떼까	도서관

스페인어의 비교급과 최상급

비교급과 최상급 문장을 만들어 보겠습니다. 비교급에는 '우등/열등 비교급, 우등/열등 최상급, 동등 비교급' 등이 있습니다.

1. 우등/열등 비교급

> más/menos+형용사+que

Ella es **más** guapa **que** yo. 그녀는 나보다 예쁘다.

Somos **más** inteligentes **que** ellos. 우리는 그들보다 똑똑하다.

Él es **menos** alto **que** tú. 그는 너보다 키가 작다.

Este coche es **menos** caro **que** aquello. 이 차는 저 차보다 비싸지 않다.

2. 우등/열등 최상급

> 정관사+más/menos+형용사+de 또는 entre 비교 대상

Ella es la **más** bonita **entre** todas. 그녀는 모든 여자들 중에 가장 예쁘다.

Él es el **más** alto **entre** sus amigos. 그는 그의 친구들 중에 가장 키가 크다.

Él es el **menos** bonito **entre** sus amigos. 그는 그의 친구들 중에 가장 못생겼다.

Esta cebolla es la **menos** picante **de** aquí. 이 양파는 여기에서 제일 맵지 않다.

3. 동등 비교급

> tan+형용사/부사+como

Este coche es **tan** caro **como** eso. 이 차는 그 차만큼 비싸다.

Ella es **tan** bonita **como** su amiga. 그녀는 그녀의 친구만큼 예쁘다.

Argentina es **tan** lejos de Corea **como** Brasil. 아르헨티나는 브라질만큼 한국에서 멀다.

> tanto+명사+como

Ella tiene **tantos** libros **como** yo. 그녀는 나만큼 책을 가지고 있다.

Tienes **tanto** tiempo **como** él. 너는 그만큼 시간을 가지고 있다.

1. 다음 문장에서 틀린 부분을 바르게 고치세요.

1) Él tiene mejor dinero que yo.

2) La comida italiana es tanto rica que la china.

3) Tu coche es más bueno que mi coche.

4) Esta casa es mejor bonita que aquella.

•dinero : 돈

•comida : 음식

•rico : 맛있는, 부유한

2. 다음의 비교급 문장을 스페인어로 작문하세요.

1) 나는 그녀보다 어리다.

2) 내 사전은 저것보다 오래된 것이다.

3) 선생님이 나보다 키가 크다.

4) 그는 나보다 노래를 잘한다.

•diccionario : 사전

•alto : 키 큰

3. 다음의 최상급 문장을 스페인어로 작문하세요.

1) 넌 나의 가장 좋은 친구야.

2) 선생님은 이 학교에서 제일 키가 크다.

3) 한국은 아시아에서 가장 아름다운 나라다.

4) 그는 우리 중에 제일 잘생겼다.

•Corea : 한국

•Asia : 아시아

정답

1. 1) Él tiene más dinero que yo.　2) La comida italiana es más / menos rica que la china.　3) Tu coche es mejor que mi coche.　4) Esta casa es más bonita que aquella.　**2.** 1) Soy menor que ella.　2) Mi diccionario es más antiguo que aquello.　3) El profesor es más alto que yo.　4) Él canta mejor que yo.
3. 1) Eres mi mejor amigo.　2) El profesor es el más alto en esta escuela.　3) Corea es el país más bonito en Asia.　4) Él es el más bonito entre nosotros.

▶ 전기 • 전자제품

televisión 텔레비전
뗄레비씨온

computadora 컴퓨터
꼼뿌따도라

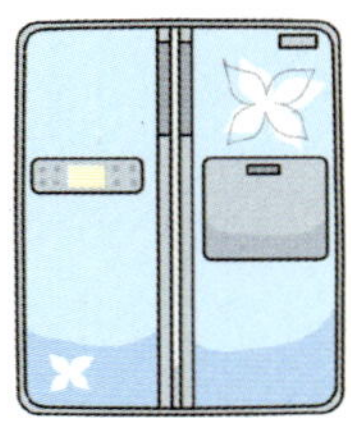

ventilador 선풍기
벤띨라도르

refrigerador 냉장고
레프리헤라도르

teléfono 전화기
뗄레포노

acondicionador 에어컨
아꼰디씨오나도르

móvil 핸드폰
모빌

licuadora 믹서기
리꾸아도라

video 비데오 비디오	**audio** 아우디오 오디오
cámara digital 까마라 디히딸 디지털카메라	**impresor** 임쁘레쏘르 인쇄기
fotocopiadora 포또꼬삐아도라 복사기	**horno electrónico** 오르노 엘렉뜨로니꼬 전자레인지
lavadora 라바도라 세탁기	**secador del pelo** 쎄까도르 델 뻴로 헤어드라이기
plancha 쁠란차 다리미	**grabador** 그라바도르 녹음기
audífono 아우디포노 이어폰	**MP3** 에메 뻬 뜨레스 엠피쓰리
horno 오르노 오븐	**fax** 팍스 팩스
bíper 비뻬르 삐삐	**aspirador** 아스삐라도르 청소기
ascendedor 아쎈데도르 엘리베이터	**tostadora** 또쓰따도라 토스터기
cocina de gas 꼬씨나 데 가스 가스렌지	**lámpara** 람빠라 램프
máquina de coser 마끼나 데 꼬쎄르 재봉틀	**orador** 오라도르 스피커
micrófono 미끄로포노 마이크	**escáner** 에스까네르 스캐너
control remoto 꼰뜨롤 레모또 리모콘	**móvil inteligente** 모빌 인뗄리헨떼 스마트폰
afeitadora eléctrica 아페이따도라 엘렉뜨리까 전기면도기	
computadora portátil 꼼뿌따도라 뽀르따띨 노트북컴퓨터	

칠레의 와인

칠레는 일교차가 크고, 포도 수확기에는 비가 오지 않으며, 토양이 비옥해 포도를 재배하는 데 매우 적합한 환경입니다. 덕분에 칠레 고유의 맛을 지닌 훌륭한 품질의 와인을 만들 수 있는 것입니다. 또한 칠레는 친환경적 재배 방법을 통해 농약 잔류량 기준을 철저히 지켜 식품관련 기준이 까다로운 유럽 및 미국에 와인을 지속적으로 수출하고 있습니다.

와인은 단순히 포도와 관련된 산업이 아니라, 노하우, 첨단기술, 브랜드 마케팅 등이 융합된 첨단산업입니다. 칠레 와인은 약 460여 년의 역사를 자랑합니다. 이 긴 시간 동안 칠레는 포도 재배 농가에 가장 적합한 포도 품종을 개발하는 데 힘썼습니다. 특히 1980년대 후반 칠레는 와인산업에 많은 투자를 했고, 얼마 지나지 않아 '남미의 보르도'라는 별칭까지 얻게 되었습니다.

칠레는 파이스(Pais) 품종의 포도를 많이 재배했지만, 외국의 자본 투자가 이루어지면서 카베르네 소비뇽(Cabernet Sauvignon), 말벡(Malbec), 샤르도네(Chardonnay), 카르메네르(Carménère) 등의 품종 역시 재배하고 있습니다.

No puedo recibirlo.
나는 그걸 받을 수 없어.

기본회화

Carlos : **Jimin, Esto es un regalo.**
지민 에스또 에스 운 레갈로

Jimin : **¡Qué anillo tan bonito!**
께 아니요 딴 보니또

Carlos : **¿Te gusta?**
떼 구스따

Jimin : **Sí. Pero no puedo recibirlo.**
씨 뻬로 노 뿌에도 레씨비를로

Carlos : **¿Por qué? Es para ti.**
뽀르 께 에스 빠라 띠

Jimin : **Lo siento. Tengo novio.**
로 씨엔또 뗑고 노비오

Carlos : **¿Yo lo conozco?**
요 로 꼬노스꼬

Jimin : **Sí. Es Daniel.**
씨 에스 다니엘

카를로스 : 지민아, 이거 선물이야.
지민 : 정말 예쁜 반지다!
카를로스 : 맘에 드니?
지민 : 응. 하지만 난 이걸 받을 수 없어.
카를로스 : 왜? 이건 널 위한 거야.
지민 : 미안. 난 남자친구가 있어.
카를로스 : 내가 아는 사람이니?
지민 : 응. 다니엘이야.

1. ¡Qué anillo tan bonito! 아름다운 반지구나!

감탄문도 의문문처럼 느낌표(¡, !)를 문장의 앞뒤로 찍어줘야 합니다. 가장 기본적인 감탄문의 구성은 '¡Qué+명사+tan/más+형용사!'입니다. 예문을 통해 알아볼까요?

   ¡*Qué* libro *tan* interesante! 참 재미있는 책이군!

이외에 '¡Qué+형용사+동사+명사!'의 형태의 감탄문도 있습니다.

   ¡*Qué* interesante es tocar el piano! 피아노를 치는 것은 얼마나 재미있는가!

하지만 가장 많이 사용하는 감탄문은 '¡Qué+형용사!'로 제일 간단한 형식입니다.

   ¡*Qué* rico! 맛있다!   ¡*Qué* frío! 춥다!   ¡*Qué* caro! 덥다!   ¡*Qué* bonito! 예쁘다!

2. Pero no puedo recibirlo. 하지만 나는 이것을 받을 수 없어.

'poder+동사원형'은 '~할 수 있다'는 뜻이지요? 뒤에 붙은 lo는 '그것을'이라는 직접목적격입니다. 스페인어의 직접목적격은 다음과 같습니다.

인칭	단수	복수
1인칭	me 나를	nos 우리를
2인칭	te 너를	vos 너희를
3인칭	lo 그를, 당신을, 그것을 la 그녀를, 당신을, 그것을	los 그들을, 당신들을, 그것들을 las 그녀들을, 당신들을, 그것들을

직접목적격은 동사의 바로 앞에 붙지만, 동사원형 뒤에는 어미에 바로 붙습니다.

   Quiero comprar*lo*. 나는 그것을 사고 싶다.

   Puedo aprender*lo* fácilmente. 나는 그것을 쉽게 배울 수 있다.

   No podemos vender*los*. 우리는 그것들을 팔 수 없다.

   Lo compro. 나는 그것을 산다.

   Lo aprendo fácilmente. 나는 그것을 쉽게 배운다.

   No *los* podemos vender. 우리는 그것들을 팔 수 없다.

새로 나온 단어

esto 에스또	이것	**puedo** 뿌에드	poder(할 수 있다)의 1인칭 단수형
regalo 레갈로	선물	**recibir** 레씨티르	받다
anillo 아니요	반지	**lo siento** 로 씨엔또	미안하다, 유감이다
bonito 보니또	예쁜	**novio** 노비오	애인
pero 뻬로	그러나	**conozco** 꼬노스꼬	conocer(알다)의 1인칭 단수형

Jimin : **¿Conoces a aquel chico?**
꼬노쎄스　아 아껠　치꼬

Carlos : **Sí. Es el hermano de mi amigo.**
씨　에스 엘 에르마노　데 미 아미고

¿Por qué?
뽀르 께

Jimin : **Porque lo quiero invitar a la fiesta de mi cumpleaños.**
뽀르께　로 끼에로　인비따르　아 라 피에스따 데 미 꿈쁠레아뇨스

Quiero ser su amiga.
끼에로　쎄르 수 아미가

Carlos : **Te entiendo. Es guapo y alto.**
떼 엔띠엔도　에스 구아뽀　이 알또

Pero ¿sabes si tiene novia o no?
뻬로　싸베스　씨 띠에네　노비아　오 노

Jimin : **No lo sé. No me importa.**
노 로 쎄 노　메 임뽀르따

해석

지민 : 너 저 남자 아니?
카를로스 : 응. 내 친구의 동생이야.
　　　　왜?
지민 : 내 생일 파티에 초대하고 싶어서.
　　　그의 친구가 되고 싶거든.
카를로스 : 이해해. 그는 잘생기고 키도 크지.
　　　　그런데 여자친구가 있는지 없는지 알아?
지민 : 아니, 몰라. 그런 건 중요하지 않아.

3. Porque lo quiero invitar a la fiesta de mi cumpleaños.

내 생일 파티에 초대하고 싶어서.

이 문장에서 'lo'는 '그를'을 뜻하는 직접목적격입니다. 만약에 '그녀를 초대하고 싶다'고 말하려면 'la'로 쓰면 되겠지요. 직접목적격은 성, 수는 물론 문장의 어순에 주의해서 사용해야 합니다. 직접목적격은 조동사와 동사원형 사이에는 올 수 없습니다.

Lo quiero invitar. (o) 그를 초대하고 싶다.

Quiero invitar*lo*. (o)

Quiero *lo* invitar. (x)

직접목적격이 현재진행형 문장에서 사용될 때에도 역시 estar와 현재분사 사이에는 올 수 없습니다.

Estoy viéndo*lo*. (o) 그것을 보고 있는 중이다.

Lo estoy viendo. (o)

Estoy *lo* viendo. (x)

4. ¿Sabes si tiene novia o no? 여자친구가 있는지 없는지 알아?

si는 '만약에'라는 뜻도 있지만, '~인지 아닌지'라는 뜻의 명사절을 이끌기도 합니다. 예문을 통해 구별해 봅시다.

Si hace frío, no voy a salir. 만약 춥다면, 나가지 않을 거야.

Si es difícil, no puedo hacerlo. 만약 어렵다면, 나는 그것을 할 수 없어.

No sé *si* es difícil o no. 그게 어려운지 아닌지 모른다.

Es importante *si* es hombre o mujer. 그가 남자인지 여자인지는 중요하다.

새로 나온 단어

conoces 꼬노쎄스	conocer(알다)의 2인칭 단수형	**fiesta** 피에스따	파티
aquel 아껠	저	**cumpleaños** 꿈쁠레아뇨스	생일
chico 치꼬	남자, 소년	**alto** 알또	키 큰
invitar 인비따르	초대하다	**novia** 노비아	여자친구

Te quiero.
떼 끼에로
너를 사랑해.

¿Me quieres?
메 끼에레스
너는 날 사랑하니?

Ella nos invita.
에야 노스 인비따
그녀는 우리를 초대한다.

Ella no nos invita.
에야 노 노스 인비따
그녀는 우리를 초대하지 않는다.

> **Tip**
> 부정문을 만들 때는 no가 간접 목적격 앞에 붙습니다.

Quiero comprar las flores.
끼에로 꼼쁘라르 라스 플로레스
나는 꽃들을 사고 싶다.

Quiero comprarlas.
끼에로 꼼쁘라를라스
나는 그것들을 사고 싶다.

> **Tip**
> 직접목적격이 가리키는 명사의 성, 수에 주의하세요.

¿No lo puedes comer?
노 로 뿌에데스 꼬메르
너 그거 못 먹니?

No puedo comerlo.
노 뿌에도 꼬메를로
난 그거 못 먹어.

> **Tip**
> 직접목적격은 동사의 바로 앞에, 또는 동사원형의 바로 뒤에 붙는다는 걸 기억하세요.

Lo estoy leyendo.
로 에스또이 레옌도
나는 그것을 읽는 중이다.

Estoy leyéndolo.
에스또이 레옌돌로
나는 그것을 읽는 중이다.

뒤에 직접목적격이 붙기 전 현재분사는 estudiando였고, 여기서 악센트는 an에 붙었습니다. 직접목적격이 붙어도 현재분사의 악센트 위치가 변하지 않도록 띨데를 찍어줍니다.

Los estamos estudiando.
로스　에스따모스　에스뚜디안도
우리는 그것들을 공부 중이다.

Estamos estudiándolos.
에스따모스　에스뚜디안돌로스
우리는 그것들을 공부 중이다.

¿Por qué lo estás aprendiendo?
뽀르 께　로 에스따스 아쁘렌디엔도
너는 왜 그걸 배우는 중이니?

¿Por qué estás aprendiéndolo?
뽀르 께　에스따스 아쁘렌디엔돌로
너는 왜 그걸 배우는 중이니?

Porque quiero hablarlo bien.
뽀르께　끼에로　아블라를로　비엔
왜냐하면 나는 그걸 잘 말하고 싶기 때문이야.

Porque lo quiero hablar bien.
뽀르께　로 끼에로　아블라르 비엔
왜냐하면 나는 그걸 잘 말하고 싶기 때문이야.

주요표현 단어

quiero 끼에로	querer(원하다)의 1인칭 단수형	**estudiando** 에스뚜디안도	estudiar(공부하다)의 현재분사
quieres 끼에레스	querer(원하다)의 2인칭 단수형		
invita 인비따	invitar(초대하다)의 3인칭 단수형	**por qué** 뽀르 께	왜
comprar 꼼쁘라르	사다	**aprendiendo** 아쁘렌디엔도	aprender(배우다)의 현재분사
flor 플로르	꽃		
puedes 뿌에데스	poder(~를 할 수 있다)의 2인칭 단수형	**hablar** 아블라르	말하다
		porque 뽀르께	왜냐하면
leyendo 레옌도	leer(읽다)의 현재분사		

문법이야기

직접목적격 용법

이번 과에서는 직접목적격(~을, 를)에 대해 알아보겠습니다.

인칭	단수	복수
1인칭	me 나를	nos 우리를
2인칭	te 너를	os 너희를
3인칭	lo 그를, 당신을, 그것을 la 그녀를, 당신을, 그것을	los 그들을, 당신들을, 그것들을 las 그녀들을, 당신들을, 그것들을

그럼 직접목적격의 용법을 알아볼까요?

1. 동사의 바로 앞에 놓입니다.

   Él compra **la** manzana. / Él **la** compra. 그는 사과를 산다. / 그는 그것을 산다.

   Te quiero. 나는 너를 사랑해.

   Os queremos. 우리는 너희를 사랑해

2. 동사원형(부정사), 현재분사에는 어미에 바로 붙여 씁니다.

   Puedo escribir **la** carta en español. / Puedo escribir**la** en español.

   나는 스페인어로 편지를 쓸 수 있다. / 나는 그것을 스페인어로 쓸 수 있다.

   Estamos aprendiendo **la** historia. / Estamos aprendiéndo**la**.

   우리는 역사를 배우는 중이다. / 우리는 그것을 배우는 중이다.

   Estoy vendiendo **los** libros. / Estoy vendiéndo**los**.

   나는 책들을 파는 중이다. / 나는 그것들을 파는 중이다.

3. 조동사와 동사원형, 조동사와 현재분사가 쓰인 경우 직접목적격은 조동사 앞에 놓입니다.

   조동사와 동사원형, 조동사와 현재분사 사이에 직접목적격은 올 수 없습니다.

   Quiero **lo** comprar.(X) → **Lo** quiero comprar.(O)

   Puedo **la** escribir.(X) → **La** puedo escribir en español.(O)

   Estamos **la** aprendiendo.(X) → **La** estamos aprendiéndo.(O)

   Estoy **los** vendiendo.(X) → **Los** estoy vendiéndo.(O)

4. 인칭대명사 목적격은 중복형으로 쓰기도 합니다.

   Ellos **me** quieren a mí. 그들은 나를 사랑한다.

   Te amo a ti. 나는 너를 사랑한다.

   Lo quiero abrazar a él. 나는 그를 안아주고 싶다.

연습문제

1. 다음 괄호 안에 알맞은 인칭대명사의 직접목적격을 쓰세요.

1) Quiero comprar estas manzanas.

→ Quiero comprar(   ).

2) Ellos abrazan a sus hijos.

→ Ellos (   ) abrazan.

3) Los estudiantes respetan a su profesor.

→ Los estudiantes (   ) respetan.

4) ¿Puedes tocar el piano?

→ ¿Puedes tocar(   )?

2. 다음 문장 중 틀린 곳을 바르게 고치세요.

1) No quiero lo vender.

2) Estoy lo estudiando.

3) Puedo lo leer.

4) Estamos la escribiendo en español.

5) Ella quiere los llamar.

3. 다음을 작문하세요.

1) 나는 그것들을 살 수 없다.

2) 너는 그 여자를 사랑하니?

3) 나는 너를 사랑하지 않아.

4) 우리는 그것을 배우는 중이다.

정답

1. 1) las   2) los   3) lo   4) lo   2. 1) No lo quiero vender. / No quiero venderlo.   2) Lo estoy estudiando. / Estoy estudiándolo.   3) Lo puedo leer. / Puedo leerlo.   4) Estamos escribiéndola en español.   5) Ella quiere llamarlos. / Ella los quiere llamar.   3. 1) No puedo comprarlos.   2) ¿La amas?   3) No te amo.   4) Estoy aprendiéndolo.

▶ 감정을 나타내는 단어

feliz 행복한
펠리스

sorprendente 놀라운
쏘르쁘렌덴떼

agradable 즐거운
아그라다블레

enojado 화난
에노하도

triste 슬픈
뜨리스떼

orgulloso 자랑스러운
오르구요소

desilusionado 실망한
데스일루씨오나도

alegre 기쁜
알레그레

sentimiento 쎈띠미엔또 감정, 느낌	**amar** 아마르 사랑하다
gustar 구스따르 좋아하다	**amoroso** 아모로소 사랑스러운
bueno 부에노 좋은	**bonito** 보니또 귀여운
hermoso 에르모소 아름다운	**atractivo** 아뜨락띠보 매력적인
excitarse 엑씨따르쎄 흥분하다	**degracia** 데그라씨아 불행
sorpresa 쏘르쁘레싸 경악	**esperanza** 에스뻬란싸 희망
desesperanza 데스에스뻬란싸 절망	**llorar** 요라르 울다
reírse 레이르쎄 웃다	**terrible** 떼리블레 끔찍한
asqueante 아스께안떼 역겨운	**sentir** 쎈띠르 미안해하다, 유감이다
odiar 오디아르 미워하다, 싫어하다	**melancólico** 멜란꼴리꼬 우울한
miserable 미세라블레 비참한	**preocupante** 쁘레오꾸빤떼 걱정스러운
feo 페오 못생긴	**soledad** 솔레닷 외로움
temoroso 떼모로쏘 공포스러운	**doloroso** 돌로로쏘 침통한
lastimoso 라스띠모쏘 참담한	

멕시코의 마야, 아즈텍 문명

아즈텍(Aztec) 문명은 현재 멕시코 지역에 살던 아즈텍인들에 의한 것으로 테노치티틀란이라는 도시를 수도로 삼아 발전했습니다. 전설에 따르면, 아즈텍인들은 신의 과일을 따먹다가 그 노여움을 샀다고 합니다. 그 벌로 중앙아메리카를 방황하다가, 멕시코에 골짜기를 발견하여 그곳에서 생활했다는 이야기가 있습니다. 아즈텍의 예술은 신들의 강함을 드러냅니다. 특히 수도인 테노치티틀란이 무너졌을 때는 정확히 바둑판 형태로 두 개의 큰 도로를 교차시켜 재건했지요. 아즈텍인들은 그 도시를 세상의 중심이라 믿었고, 양력으로 1년을 365일 6시간으로 계산하여 생활하는 등 크게 발전한 과학기술을 향유했습니다.

멕시코 남동부와 유카탄 반도를 중심으로는 마야(Maya) 문명이 발달했습니다. 약 2,000년 전 마야족에 의한 고대문명으로 10세기에 멸망했지요. 마야인들은 이집트의 피라미드와 비슷한 거대 신전을 세우고 태양과 달의 신을 숭배했습니다.

멕시코의 치첸이사(Chichen itza)에 가면 거대한 피라미드를 볼 수 있습니다. 특히 높이 23m에 달하는 쿠클칸(Kukulcan) 피라미드는 건물 자체가 마야력을 나타냅니다. 동서남북으로 있는 네 개의 면에 각각 91개의 계단이 있는데, 이 계단의 수를 모두 합하면 364개가 됩니다. 맨 꼭대기의 제단까지 더하면 365개가 되지요. 오늘날의 1년인 365일과 같습니다. 거기에다가 동서남북의 큰 돌계단을 합하면 36개인데, 이것을 둘로 나누면 18개가 되지요. 마야력에서는 1년이 18개월인 것과도 정확히 일치합니다. 마야인들은 또한 춘분과 추분의 4, 5시경, 꿈틀대며 신전을 오르는 뱀 모양 그림자가 비춰지도록 중심축을 일부러 기울였습니다. 마야인들에게 생명과 풍요의 상징이었던 뱀, 정확하게 그 빛의 그림자 끝에 커다란 뱀머리 조각상을 만들어 놓았으니, 이 모든 것을 완벽하게 미리 계산해 건물을 설계한 그들은 정말 천재가 아닐 수 없습니다.

Mi novia siempre me da un regalo.
내 여자친구는 항상 내게 선물을 줘.

기본회화

Sejun : **Mi novia siempre me da un regalo.**
미 노비아 씨엠쁘레 메 다 운 레갈로

Yo también quiero regalarle algo en nuestro aniversario.
요 땀비엔 끼에로 레갈라를레 알고 엔 누에스뜨로 아니베르싸리오

Estefania : **¿Qué quieres darle?**
께 끼에레스 다를레

Sejun : **Voy a darle una muñeca y una rosa.**
보이 아 다를레 우나 무녜까 이 우나 로사

Estefania : **¿Por qué no le escribes una carta?**
뽀르 께 노 레 에스끄리베스 우나 까르따

Sejun : **Es una buena idea.**
에스 우나 부에나 이데아

Entonces le voy a escribir una carta a ella.
엔똔쎄스 레 보이 아 에스끄리비르 우나 까르따 아 에야

Gracias por tu consejo.
그라시아스 뽀르 뚜 꼰쎄호

해석

세준 : 내 여자친구는 항상 내게 선물을 줘.
나도 이번 기념일에는 그녀에게 뭔가 주고 싶어.
에스테파니아 : 뭐 주고 싶은데?
세준 : 그녀에게 인형 하나와 장미 한 송이를 줄 거야.
에스테파니아 : 그녀에게 편지를 쓰는 건 어때?
세준 : 좋은 생각이다.
그럼 그녀한테 편지를 쓸래.
조언해 줘서 고마워.

기본회화 해설

1. Mi novia siempre me da un regalo. 내 여자친구는 항상 내게 선물을 줘.

간접목적격은 다음과 같습니다.

인칭	단수	복수
1인칭	me 나에게	nos 우리에게
2인칭	te 너에게	os 너흐에게
3인칭	le(se) 그에게, 그녀에게, 당신에게	les(se) 그들에게, 그녀들에게, 당신들에게

간접목적격은 동사 바로 앞에 오므로, 이 문장의 동사인 da 앞에 '나에게'를 뜻하는 me가 온 것입니다.

2. Yo también quiero regalarle algo en nuestro aniversario.
나도 이번 기념일에는 그녀에게 뭔가 주고 싶어.

간접목적격은 동사 바로 앞에 오기도 하지만, 동사원형의 경우 동사 바로 뒤에 붙기도 합니다. 따라서 'regalar+le(그녀에게)'와 같이 표현합니다. 하지만 동사 바로 앞에 올 수도 있으므로 Yo también le quiero regalar algo en nuestro aniversario.라고도 쓸 수 있습니다.

3. Entonces le voy a escribir una carta (a ella). 그럼 그녀한테 편지를 쓸래.

간접목적격 역시 가리키는 대상을 명확히 밝히기 위해 중복형으로 쓰는데, le voy a escribir라고 하면 그에게 쓰는 건지, 그녀에게 쓰는 건지 모호할 수 있기 때문에 뒤에 전치사와 함께 ella를 한번 더 써주는 것입니다. 몇 가지 다른 예문을 보겠습니다.

Ellos *le* dan una carta *a ella*. 그들은 그녀에게 편지를 준다.
Le regalan un anillo *a usted*. 그들은 당신에게 반지를 준다.

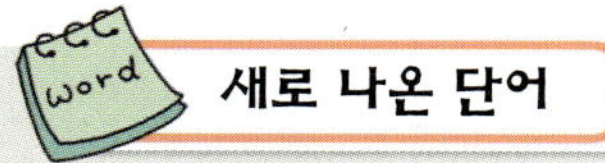 새로 나온 단어

novio/novia 노비오/노비아	애인	**muñeca** 두녜까		인형
siempre 씨엠쁘레	항상	**rosa** 로사		장미
me 메	나에게(간접목적격)	**escribes** 데스끄리베스		escribir(쓰다)의 2인칭
da 다	dar(주다)의 3인칭 단수형			단수형
regalo 레갈로	선물	**carta** 까르따		편지
también 땀비엔	~도, ~역시	**idea** 이데아		생각
regalar 레갈라르	선물하다	**entonces** 겐똔쎄스		그러면, 그렇다면
algo 알고	어떤 것	**gracias por ~** 그라시아스 뽀르		~에 감사하다
aniversario 아니베르싸리오	기념일	**consejo** 꼰쎄호		충고

Sejun : **Quiero vender estas ropas a mis amigos.**
끼에로 벤데르 에스따스 로빠스 아 미스 아미고스

Estefania : **¿Por qué se las quieres vender?**
뽀르 께 쎄 라스 끼에레스 벤데르

Sejun : **Porque ya no me las pongo.**
뽀르께 야 노 메 라스 뽕고

Pero creo que las necesitan.
뻬로 끄레오 께 라스 네쎄씨딴

Estefania : **Entonces, ¿por qué no se las das gratis?**
엔똔쎄스 뽀르 께 노 쎄 라스 다스 그라띠스

Sejun : **Son ropas caras.**
쏜 로빠스 까라스

Y necesito dinero.
이 네쎄씨또 디네로

Tengo que pagar el alquiler de mi casa.
뗑고 께 빠가르 엘 알낄레르 데 미 까사

해석

세준 : 이 옷들을 내 친구들한테 팔고 싶어.
에스테파니아 : 왜 그것들을 그들에게 팔고 싶니?
세준 : 왜냐하면 이젠 안 입으니까.
하지만 그들에겐 이 옷들이 필요할 거야.
에스테파니아 : 그럼 왜 그들에게 공짜로 주지 않니?
세준 : 비싼 옷들이야.
그리고 돈이 필요해.
집세를 내야 해.

4. ¿Por qué se las quieres vender? 왜 그것들을 그들에게 팔고 싶니?

바로 앞에 대화 Quiero vender estas ropas a mis amigos.(이 옷들을 내 친구들한테 팔고 싶어.)에서 a mis amigos(내 친구들에게)는 간접목적격 se로, estas ropas(이 옷들을)는 직접목적격 las로 받은 구문입니다. 여기서 간접목적격 les를 쓰지 않은 이유는 인칭대명사 직접목적격과 간접목적격이 모두 3인칭이면 간접목적격 le, les는 se로 바뀌기 때문입니다.

　　Le lo doy.(×) → Se lo doy.(○) 나는 그에게 그것을 준다.

　　Les lo doy.(×) → Se lo doy.(○) 나는 그들에게 그것을 준다.

le, les는 수의 구별 없이 se로 바뀌므로 문맥에 따라 해석합니다.

5. ¿Por qué no se las das gratis? 왜 그들에게 공짜로 주지 않니?

직접 · 간접목적어와 직접 · 간접목적격 대명사의 순서를 비교해 보겠습니다.

　　Sejun da las ropas a sus amigos. 세준은 옷들을 그의 친구들에게 준다.

위 문장에서 직접목적어는 las ropas이고, 간접목적어는 sus amigos입니다. 위의 문장에서처럼 목적어의 어순은 '직접목적어 → 간접목적어'입니다.

　　Sejun se las da. 세준은 그것들을 그들에게 준다.

sus amigos는 간접목적격 대명사 se로, las ropas는 직접목적격 대명사 las로 바뀐 문장입니다. 위의 문장에서처럼 직접 · 간접목적격이 한 문장에 쓰였을 때, 어순은 '간접목적격 → 직접목적격 → 동사' 순입니다.

새로 나온 단어

vender 벤데르	팔다	
ropa 로빠	옷	
pongo 뽕고	poner(놓다, 입히다)의 1인칭 단수형	
gratis 그라띠스	무료로, 공짜로	
caro 까로	비싼	
dinero 디네로	돈	
pagar 빠가르	지불하다	
alquiler 알낄레르	집세	

¿Puedes darme este anillo?
뿌에데스   다르메   에스떼 아니요
너 나한테 이 반지 줄 수 있니?

Te doy este libro.
떼   도이 에스떼 리브로
나는 너에게 이 책을 준다.

Te quiero dar este libro.
떼   끼에로   다르 에스떼 리브로
나는 너에게 이 책을 주고 싶다.

Quiero darte este libro.
끼에로   다르떼 에스떼 리브로
나는 너에게 이 책을 주고 싶다.

Quiero dártelo.
끼에로   다르뗄로
나는 너에게 이것을 주고 싶다.

> **Tip**
> dar의 원래 악센트 위치를 지키기 위해 띨데를 찍습니다.

Les estoy enseñando la historia.
레스 에스또이 엔쎄냔도   라 이스또리아
나는 당신들에게 역사를 가르치는 중이다.

Estoy enseñándoles la historia.
에스또이 엔쎄냔돌레스   라 이스또리아
나는 당신들에게 역사를 가르치는 중이다.

> **Tip**
> 인칭대명사 직접목적격과 간접목적격이 모두 3인칭이면 간접목적격 le, les는 se로 바뀝니다.

Se la estoy enseñando.
쎄   라 에스또이 엔쎄냔도
나는 당신들에게 그것을 가르치는 중이다.

> **Tip**
> 간접목적격과 직접목적격이 같이 쓰이는 경우, 간접목적격이 먼저 옵니다.

Estoy enseñándosela.
에스또이 엔쎄냔도쎌라
나는 당신들에게 그것을 가르치는 중이다.

Ellos me envian una caja.
에요스 메   엔비안   우나 까하
그들은 나에게 상자 하나를 보낸다.

Ellos me la envian.
에요스 메 라 엔비안
그들은 나에게 그것을 보넌다.

Le doy un regalo a ella.
레 도이 운 레갈로 아 에야
나는 그녀에게 선물 하나를 준다.

Se lo doy.
쎄 로 도이
나는 그녀에게 그것을 준다.

Quiero regalar una muñeca a mi hermano menor.
끼에로 ㄹ레갈라르 우나 무녜가 아 미 에르마노 메노르
나는 내 동생에게 인형을 선물하고 싶다.

Le quiero regalarla.
레 끼에로 ㄹ레갈라를라
나는 내 동생에게 그것을 선물하고 싶다.

Quiero regalársela.
끼에로 ㄹ레갈라르쎌라
나는 내 동생에게 그것을 선물하고 싶다.

> **Tip**
> 간접목적격 역시 조동사와 동사 사이에는 올 수 없습니다.

주요표현 단어

este	에스떼	이(지시형용사)
anillo	아니요	반지
libro	리브로	책
enseñando	엔쎄냔도	enseñar(가르치다)의 현재분사
envian	엔비안	enviar(보내다)의 3인칭 복수형
caja	까하	상자
regalo	ㄹ레갈로	선물
regalar	ㄹ레갈라르	선물하다
muñeca	무녜까	인형
hermano	에르마노	형, 동생
menor	머노르	어린

문법이야기

간접목적격 용법

이번 과에서는 간접목적격(~에게)의 용법에 대해 알아보겠습니다.

인칭	단수	복수
1인칭	me 나에게	nos 우리에게
2인칭	te 너에게	os 너희에게
3인칭	le/se 그에게, 그녀에게, 당신에게	les/se 그들에게, 그녀들에게, 당신들에게

1. 동사 바로 앞에 위치합니다.

Me da un libro. 그는 나에게 책을 준다.

Le regala una rosa. 그는 그녀에게 장미를 선물한다.

Te envio una carta. 나는 너에게 편지를 보낸다.

2. 동사원형이나 현재분사 뒤에는 동사의 어미에 바로 붙여 씁니다.

Quiero enviar**le** una carta a ella. 나는 그녀에게 편지를 보내고 싶다.

Puedo regalar**te** esto. 나는 이것을 너에게 선물할 수 있다.

Estoy mostrándo**les** las notas a mis padres. 나는 부모님께 점수를 보여드리는 중이다.

직접목적격의 용법과 마찬가지로 조동사와 동사원형 사이, 조동사와 현재분사 사이에는 간접목적격을 넣을 수 없습니다.

3. 인칭대명사 직접목적격과 간접목적격이 함께 오면 간접목적격이 먼저 쓰입니다.

Ella **me** presta el diccionario. 그녀가 나에게 사전을 빌려준다.

  → Ella **me** lo presta. 그녀가 나에게 그것을 빌려준다.

Él **te** regala dos libros. 그가 너에게 책 두 권을 선물한다.

  → Él **te** los vegala. 그가 너에게 그것들을 선물한다.

4. 인칭대명사 직접목적격과 간접목적격이 모두 3인칭인 경우 간접목적격 le, les는 se로 바뀝니다.

Quiero enviar a mi amigo este regalo. 나는 이 선물을 내 친구에게 보내고 싶다.

  → Quiero enviár**se**lo. 나는 그것을 그에게 보내고 싶다.

Estoy enseñando la historia a mis estudiantes. 나는 역사를 내 학생들에게 가르치는 중이다.

  → Estoy enseñándo**se**la. 나는 그것을 그들에게 가르치는 중이다.

Le doy mi perro. 나는 그에게 내 개를 준다.

  → **Se** lo doy. 나는 그에게 그것을 준다.

note

1. 다음 괄호 안에 알맞은 인칭대명사의 간접목적격 또는 직접목적격을 쓰세요.

1) Él me envia diez rosas.

   Él me (   ) envia.

2) Ella quiere comprar un regalo.

   Ella quiere comprar(   ).

3) Juan da las muñecas a los niños.

   Juan (   ) (   ) da.

4) Mi amigo enseña la matemática a sus compañeros.

   Mi amigo (   ) (   ) enseña.

5) (   ) estoy enseñando la historia a mis estudiantes.

6) Le doy un regalo.

   (   ) (   ) doy.

7) (   ) quiero a mis padres.

• muñeca : 인형
• enseñar : 가르치다
• matemática : 수학
• compañero : 동료

2. 다음을 스페인어로 작문하세요.

1) 그들은 내게 책 두 권을 보낸다.

   그들은 내게 그것들을 보낸다.

2) 내 남자친구는 내게 장미 한 송이를 보낸다.

   내 남자친구는 내게 그것을 보낸다.

3) 나는 너에게 편지를 주고 싶다.

   나는 너에게 그것을 주고 싶다.

4) 우리는 그들에게 역사를 가르친다.

   우리는 그들에게 그것을 가르친다.

• enviar : 보내다
• carta : 편지

정답

1. 1) las   2) lo   3) se / las   4) se / la   5) Les   6) Se / lo   7) Los   **2.** 1) Ellos me envian dos libros. / Ellos me los envian.   2) Mi novio me envia una rosa. / Mi novio me la envia.   3) Quiero darte una carta. [Te quiero dar una carta.] / Quiero dártela.   4) Les enseñamos la historia. / Se la enseñamos.

▶ 교통

avión 비행기
아비온

tren 기차
뜨렌

metro 지하철
메뜨로

taxi 택시
딱씨

autobús 버스
아우또부스

camión 트럭
까미온

ambulancia 구급차
암불란씨아

camión de bomberos
까미온 데 봄베로스
소방차

coche 꼬체　자동차

bicicleta 비씨끌레따　자전거

barco 바르꼬　배

autobús escolar 아우또부스 에스꼴라르　스쿨버스

trenes de alta velocidad 뜨레네스 데 알따 벨로씨닷　고속철

autobús para el turismo 아우또부스 빠라 엘 뚜리스모　관광버스

estación del autobús 에스따씨온 델 아우또부스　버스정류장

helicóptero 엘리꼽떼로　헬리콥터

motobicicleta 모또비씨끌레따　오토바이

terminal 떼르미날　터미널

coche de alquiler 꼬체 데 알낄레르　렌터카

〈방향 전치사〉

arriba 아리바　위에

dentro 덴뜨로　안에

enfrente 엔프렌떼　앞에

este 에스떼　동

sur 수르　남

al lado de 알 라도 데　～의 옆에

abajo 아바호　아래

fuera 푸에라　밖에

atrás 아뜨라스　뒤에

oeste 오에스떼　서

norte 노르떼　북

en el centro de 엔 엘 쎈뜨로 데　～의 가운데에

타코와 부리토, 케사디야

타코(taco)는 멕시코의 대표적 대중음식으로 밀가루나 옥수수 반죽을 구워 만든 토르티야(tortilla)에 여러 음식을 싸서 먹는 요리입니다. 고기가 들어가는 타코에는 기호에 따라서 라임즙이나 고스를 더하거나 고추로 만든 칠리소스를 끼얹어 먹습니다. 토르티야는 부드러운 것도 있고 튀겨 만들어 딱딱한 것도 있는데, 식감에 따라 맛이 달라지지요.

멕시코 사람들은 우리처럼 매운 것을 잘 먹습니다. 그래서 기본적으로 칠리소스를 사용합니다. 매콤한 칠리소스 외에 부드러운 과카몰레(guacamole)라는 소스도 있습니다. 과카몰레는 아보카도와 양파, 토마토, 고수, 라임즙 등을 넣고 으깨어 약간 되게 만든 초록색 소스입니다. 상큼하기도 하고 고소하기도 해서 멕시코의 여러 요리에 잘 어울리지요.

타코와 비슷한 케사디야(quesadilla) 역시 멕시코 요리로, 토마토나 치즈, 고기 등으로 속을 채워 반달 모양으로 만드는 요리입니다. 부리토(burrito)는 토르티야에 콩이나 고기를 넣고 치즈나 토마토, 양파 등을 추가해 둥글게 말아먹는 요리입니다. 멕시코 골목골목에는 이렇게 타코, 케사디야, 부리토를 파는 가게들이 많은데, 집집마다 넣는 재료도, 조리법도 약간씩 달라 다채로운 멕시코 요리를 즐길 수 있습니다.

¿Te gusta el tango?
넌 탱고를 좋아하니?

기본회화

Hoeyun : **¿Te gusta el tango?**
떼 구스따 엘 땅고

Laura : **Sí. Me gusta.**
씨 메 구스따

Hoeyun : **¿Os gusta bailar?**
오스 구스따 바일라르

Laura : **Sí. Nos gusta bailar y cantar.**
씨 노스 구스따 바일라르 이 깐따르

Hoeyun : **¿A tu hermano le gusta también el tango?**
아 뚜 에르마노 레 구스따 땀비엔 엘 땅고

Laura : **No. No le gusta.**
노 노 레 구스따

Hoeyun : **¿A Taehyun y a Jiyoung les gusta cantar?**
아 태현 이 아 지영 레스 구스따 깐따르

Laura : **Sí. Van al karaoke todos los domingos.**
씨 반 알 까라오께 또도스 로스 도밍고스

해석

회윤 : 넌 탱고를 좋아하니?
라우라 : 응. 좋아해.
회윤 : 너희들은 춤추는 걸 좋아하니?
라우라 : 응. 우리는 춤추고 노래하는 걸 좋아해.
회윤 : 너의 동생도 탱고 좋아해?
라우라 : 아니. 그는 좋아하지 않아.
회윤 : 태현이와 지영이도 노래하는 걸 좋아하니?
라우라 : 응. 매주 일요일마다 노래방에 가.

1. ¿Te gusta el tango? 너는 탱고를 좋아하니?

gustar는 '~을 좋아하다'라는 뜻의 동사로, gustar의 형태는 동사 뒤에 나오는 '좋아하는 대상'에 맞춰줍니다. 예를 들어, '이 개를 좋아한다.'라는 표현을 할 때 Yo gusto este perro.라고 하지 않고 Me gusta este perro.라고 씁니다. 목적어인 este perro(이 개)가 문법적 주어가 되고 진짜 주어인 yo는 간접목적어가 되어 '이 개가 내게 즐거움을 준다.'라는 형식을 갖추는 것입니다. 따라서 문장 구조를 보면 '간접목적 대명사+gustar+좋아하는 대상(사물, 사람, 동사원형)'입니다.

2. Nos gusta bailar y cantar. 우리는 춤추고 노래하는 것을 좋아해.

동사 두 개가 gustar 뒤에 나오면 gustar는 단수형태가 됩니다. '노래하고 춤추고 친구들과 수다 떠는 것을 좋아한다'는 표현으로 동사 세 개를 썼을 경우에도 마찬가지로 Nos gusta bailar, cantar y charlar con mis amigos.라고 표현합니다. gusta는 gustan으로 쓰지 않는 것에 주의해야 합니다.

3. ¿A Taehyun y a Jiyoung les gusta cantar?

태현이와 지영이는 노래하는 것을 좋아해?

les가 간접목적어로 나온 경우 이 문장만 보고는 누가 진짜 목적어인지 알 수 없습니다. 정확한 목적어를 나타내기 위해 전치사 a를 붙여 보통 간접목적격 앞에 써줍니다. 몇 가지 예문을 더 보겠습니다.

A Sewon y *a* Jieun *les* gusta estudiar español.
세원이와 지은이는 스페인어 공부하기를 좋아한다.

A Jaeyeol *le* gusta charlar con su amigo. 재열이는 그의 친구와 애기하는 것을 좋아한다.

A ella *le* gusta la rosa blanca. 그녀는 하얀 장미를 좋아한다.

 새로 나온 단어

tango	땅고	탱고	**hermano**	에르마노	형, 동생
gustar	구스따르	좋아하다	**van**	반	ir(가다)의 3인칭 복수형
bailar	바일라르	춤추다	**karaoke**	까라오께	노래방
cantar	깐따르	노래하다	**domingo**	도밍고	일요일

Hoeyun : **¿Tienes medicina?**
띠에네스　메디씨나

Me duele la cabeza.
메　두엘레　라　까베싸

Laura : **Sí, aquí está.**
씨　아끼　에스따

Me quedan dos pastillas.
메　께단　도스　빠스띠야스

Hoeyun : **Gracias.**
그라시아스

Recientemente me duelen la cabeza y el estómago.
레시엔떼멘떼　메　두엘렌　라　까베싸　이　엘 에스또마고

Laura : **Creo que tienes que ir al hospital.**
끄레오　께　띠에네스　께　이르 알 오스삐딸

회윤 :　약 있니?
　　　머리가 아파.
라우라 : 응, 여기 있어.
　　　내게 알약 두 개가 남았어.
회윤 :　고마워.
　　　최근에 머리랑 배가 아파.
라우라 : 내 생각엔 너 병원에 가야 할 것 같아.

4. Me duele la cabeza.   머리가 아파.

'아픔을 느끼다'라는 뜻의 doler 역시 gustar와 같은 구조를 가지는 동사입니다. 따라서 Yo duelo la cabeza.라고 하지 않고 목적어인 la cabeza가 문법적 주어가 됩니다. 주어인 yo는 간접목적어가 되어 직역하자면 '머리가 내게 아픔을 준다'라는 뜻이 됩니다. 그 밖의 gustar류 동사로는 molestar(귀찮다), interesar(흥미를 느끼다), dar(주다), faltar(모자라다) 등이 있습니다. 동사 변화에 유의해서 다음 예문을 살펴봅시다.

> Me *molestas*. 나는 네가 귀찮다.
>
> Nos *interesa* este libro. 우리는 이 책이 흥미롭다.
>
> Ella me *da* un regalo. 그녀는 내게 선물을 준다.
>
> Me *falta* tiempo para terminar la tarea. 나는 숙제를 끝내기까지 시간이 모자란다.

5. Me quedan dos pastillas.   내게 알약 두 개가 남았어.

'남다'라는 뜻의 quedar 역시 gustar류의 동사입니다. dos pastillas가 복수이기 때문에, quedar도 3인칭 복수격의 quedan으로 쓰였습니다.

> ¿Cuántas pastillas te *quedan*? 네게 몇 개의 알약이 남았니?
>
> Me *quedan* solo 100 wones. 내게는 겨우 100원이 남았어.

6. Recientemente me duelen la cabeza y el estómago.   최근에 머리와 배가 아파.

recientemente(최근에)는 reciente(최근의)라는 형용사에 -mente가 붙어서 만들어진 부사입니다. 부사를 만드는 법에 대해 간단히 알아보겠습니다.

- 먼저 -o로 끝나는 형용사는 -o를 -a로 바꾼 후 -mente를 붙입니다.

  lento(느린) → lentamente(느리게)   rápito(빠른) → rápidamente(빠르게)

- -o로 끝나지 않는 형용사는 그대로 -mente를 붙이면 됩니다.

  feliz(행복한) → felizmente(행복하게)   frecuente(빈번한) → frecuentemente(빈번하게)

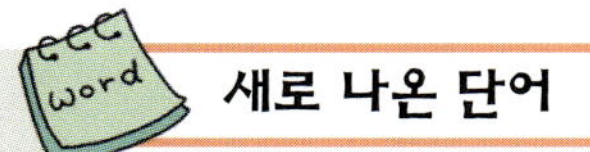 새로 나온 단어

medicina 메디씨나	약	**pastilla** 빠스띠야	알약
duele 두엘레	doler(아프다)의 3인칭 단수형	**recientemente** 레씨엔떼멘떼	최근
cabeza 까베싸	머리	**estómago** 에스또마고	배
quedar 께다르	남다	**hospital** 오스삐딸	병원

¿Te gusta la manzana?
떼 구스따　라 만싸나
너는 사과를 좋아하니?

Sí, me gusta mucho.
씨 메 구스따　무초
응, 아주 많이 좋아해.

No, no me gusta.
노　노 메 구스따
아니, 나는 좋아하지 않아.

Me gustan la manzana y la naranja.
메 구스딴　라 만싸나　　이 라 나란하
나는 사과와 오렌지를 좋아한다.

Le gusta bailar.
레 구스따　바일라르
그는 춤추는 것을 좋아한다.

Les gusta bailar.
레스 구스따　바일라르
그들은 춤추는 것을 좋아한다.

Le gusta bailar y cantar.
레 구스따　바일라르 이 깐따르
그는 춤추는 것과 노래하는 것을 좋아한다.

Me interesa mucho este libro.
메 인떼레사　무초　　에스떼 리브로
나는 이 책에 아주 관심이 있다.

A ellas no les interesa la historia.
아 에야스 노 레스 인떼레사　　라 이스또리아
그녀들은 역사에 관심이 없다.

¿Cuál te gusta entre la manzana y la naranja?
꽐　떼 구스따 엔뜨레 라 만싸나　　이 라 나란하
너는 사과와 오렌지 중 무엇을 좋아하니?

Tip

사과와 오렌지가 복수이기 때문에 gustar 동사도 3인칭 복수 형태를 취합니다.

Tip

명사와 달리 동사 두 개가 gustar 동사 뒤에 오면 단수로 처리합니다.

Tip

Interesar(흥미를 가지다) 역시 gustar와 같은 용법의 동사입니다.

Tip

그녀들이 아닌 '그들'이 역사에 관심이 없다고 표현할 땐 a ellos를 씁니다. les만 쓰면 그들인지, 그녀들인지, 당신들인지 알 수가 없기 때문입니다. 문맥상 파악이 가능하다면 물론 생략해도 됩니다.

Me gusta la manzana más que la naranja.
메 구스따 라 만싸나 마스 께 라 나란하
나는 오렌지보다 사과를 더 좋아한다.

Te queda solo una fresa.
떼 께다 쏠로 우나 프레사
너에겐 딱 하나의 딸기가 남았다.

Te quedan 10 días para la vacación.
떼 께단 디에스 디아스 빠라 라 바까씨온
너는 방학까지 10일이 남았다.

¿Qué comida os gusta?
께 꼬미다 오스 구스따
너희는 어떤 음식을 좋아하니?

Nos gusta la comida italiana.
노스 구스따 라 꼬미다 이딸리아나
우리는 이탈리아 음식을 좋아한다.

Me gustas.
메 구스따스
나는 네가 좋아.

quedar(남다) 역시 gustar와 똑같은 용법의 동사입니다.

para는 '～를 위해'라는 뜻 외에 '～까지'라는 뜻이 있습니다.

gustas 다음엔 tú가 생략되어 있습니다.

word power 주요표현 단어

manzana 만싸나	사과	**queda** 께다	quedar(남다)의 3인칭 단수형
mucho 무초	많이		
naranja 나란하	오렌지	**solo** 쏠로	단지, 단 하나의
bailar 바일라르	춤추다	**fresa** 프레사	딸기
cantar 깐따르	노래하다	**vacación** 바까씨온	방학
libro 리브로	책	**comida** 꼬미다	음식
historia 이스또리아	역사	**Italiano** 이딸리아노	이탈리아의

문법이야기

gustar 동사의 용법

이번 과에서는 gustar와 같은 구조를 갖는 동사에 대해 알아보겠습니다. 이 동사들은 문법적 주어가 되는 것에 형태를 일치시켜야 하고 간접목적어가 되는 인칭대명사는 간접목적격인 me, te, le, nos, os, les를 사용하면 됩니다.

몇 가지 예문을 볼까요?

Me **gusta** la uva. 나는 포도를 좋아한다.

¿Te **gusta** la fresa? 너는 딸기를 좋아하니?

Nos **gustan** la uva y la fresa. 우리는 포도와 딸기를 좋아한다.

이 외에 동사원형도 gustar 동사의 문법적 주어가 될 수 있는데, 여기서 주의할 점은 접속사 y로 연결된 동사원형들이 문법적 주어가 되는 경우 gustar 동사를 단수형으로 쓴다는 것입니다.

Nos **gusta** bailar y cantar. 우리는 춤추고 노래하는 걸 좋아한다.

Me **gusta** comer y dormir. 나는 먹고 자는 걸 좋아한다.

다음은 gustar 동사와 같은 구조를 갖는 동사들에 대해 알아보겠습니다.

1. interesar 흥미를 가지다

   Me **interesa** este libro. 나는 이 책에 관심이 있다.

   Nos **interesa** esa película. 우리는 그 영화에 관심이 있다.

2. quedar 남다

   Nos **quedan** 100 wones. 우리에겐 100원이 남았다.

   Os **queda** un mes para la vacación. 너희에겐 방학까지 한 달이 남았다.

3. doler 아프다

   Me **duele** el estómago. 나는 배가 아프다.

   A ella le **duele** la cabeza. 그녀는 머리가 아프다.

4. molestar 귀찮다

   Me **molestáis**. 나는 너희가 귀찮다.

   Me **molesta** este ruido. 나는 이 소음이 싫다.

연습문제

1. 다음 문장을 스페인어로 만들어 보세요.

1) 나는 책 읽는 것을 좋아한다.

2) 너는 나를 좋아하니?

3) 너희는 아침에 뭐 하는 것을 좋아하니?

4) 우리에겐 아주 많은 숙제가 남았다.

2. gustar 동사를 알맞은 형태로 쓰세요.

1) Me (   ) bailar.
2) ¿Te (   ) estos libros?
3) Nos (   ) mucho ver la película y escuchar la música.
4) Os (   ) las frutas.
5) No les (   ) la muñeca.

3. 다음 문장들의 틀린 부분을 알맞게 고치세요.

1) No me gustan bailar y cantar.
2) Nosotros gustamos la naranja.
3) Te gustas este libro.
4) Me gusta la naranja y la manzana.
5) Les gustan estudiar.

정답

1. 1) Me gusta leer el libro.   2) ¿Te gusto?   3) ¿Qué os gusta hacer por la mañana?   4) Nos quedan muchas tareas.   **2.** 1) gusta   2) gustan   3) gusta   4) gustan   5) gusta   **3.** 1) No me gusta bailar y cantar.   2) A nosotros gusta la naranja.   3) Te gusta este libro.   4) Me gustan la naranja y la manzana. 5) Les gusta estudiar.

▶ 생필품

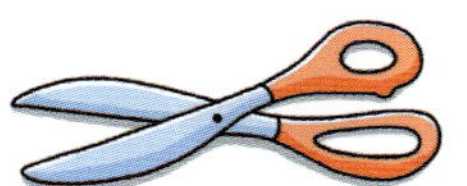

tijeras 가위
띠헤라스

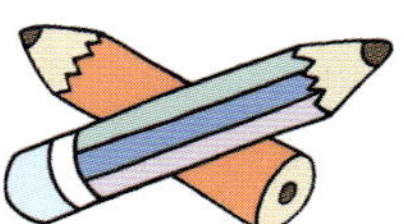

lápiz 연필
라삐스

cuaderno 공책
꽈데르노

carta 편지
까르따

espejo 거울
에스뻬호

papel higiénico 휴지
빠뻴 이히에니꼬

toalla 수건
또아야

cepilla 칫솔
쎄삐야

tarjeta 따르헤따 명함	**tarjeta postal** 따르헤따 뽀스딸 엽서
sobre 쏘브레 봉투	**papel** 빠뻴 종이
cinta 씬따 테이프	**regla** 레글라 자
libro 리브로 책	**libreta** 리브레따 수첩
estilográfica 에스띨로그라피까 만년필	**tinta** 띤따 잉크
bolígrafo 볼리그라포 볼펜	**borrador** 보라도르 지우개
pegamento 뻬가멘또 풀	**crema dental** 끄레마 덴딸 치약
afeitadora 아페이따도라 면도기	**jabón** 하본 비누
shampoo 샴푸 샴푸	**suavizante** 수아비싼떼 린스
crema para manos 끄레마 빠라 마노스 핸드크림	**crema solar** 끄레마 쏠라르 선크림
crema del cuerpo 끄레마 델 꾸에르뽀 바디로션	**limpiador** 림삐아도르 폼클렌징
tónico 또니꼬 스킨	**perfume** 뻬르푸페 향수
cosméticos 꼬스메띠꼬스 화장품	**mascarilla** 마스까리야 팩
peine 뻬이네 빗	**esencia** 에쎈씨아 에센스

중남미의 한류

중남미 여행 중 작은 호스텔에서 무심코 TV를 틀었다가, 방영되고 있는 한국 드라마에 깜짝 놀라는 여행자들이 많습니다. 먼 땅의 현지 TV로 한국 드라마를 본다는 것은 놀랍고도 반가운 일이니까요. 보통 더빙되어 방영되는데, 특히 「꽃보다 남자」나 「드림하이」 등은 중남미의 청년층에 큰 인기를 끌었습니다. 이렇게 인기를 끈 드라마는 주인공을 맡은 배우들은 물론 OST까지 유명세를 탑니다. 뿐만 아니라 샤이니나 씨엔블루, 빅뱅 등 K-POP 가수들은 중남미 투어 콘서트를 하면 수많은 팬들이 몰려듭니다.

한류는 더 이상 중남미 소비자들의 우리 드라마나 가수에 대한 '반짝' 관심이 아닙니다. 이제 한류는 우리 경제의 소프트 파워, 문화산업으로 자리잡은 것이죠. 한류 열풍에 힘입어 중남미에서는 한국어를 가르치는 대학도 늘고 있습니다. 중남미 명문인 상파울루 대학에는 한국어 문학과가, 칠레 산티아고 대학에는 한국학센터가 설립되었습니다.

중남미 여행을 준비하고 계신가요? 한국을 기념할 만한 선물로 무엇이 좋을까 고민될 때, 한복 열쇠고리, 색동천 필통 등 전통적인 선물도 좋지만 우리 한국 가수들이 그려진 엽서나 노트도 큰 선물이 될 것 같습니다.

[페루 쿠스코에서 열린 한국문화 축제]

찾아보기(ABC 순)

■저자 **양인지**

한국외국어대학교 스페인어과 졸업

한국외국어대학교 통번역대학원 한·서 국제회의 통역전공 졸업

현재 프리랜서 스페인어 통번역사로 활동 중

■저서

언제 어디서나 통하는 스페인어 일상회화사전

통기초 스페인어 생활회화

■이력

한국국제교류재단 정무유력인사 그룹초청사업 통역

인천공항 출입국관리사무소 입국심사 통역

에너지관리공단 볼리비아 워크숍 통역

외교부 주최 2015 쿠바현대영화제 출품작 〈에스테르를 찾아서〉 영상번역

EBS 서양미술기행 〈상상을 현실로 바꾸다 – 살바도르 달리〉 영상번역

KBS 신년대기획 〈부국의 조건〉 영상번역

KBS 추석특집 〈한국의 장, 세계를 유혹하다〉 영상번역

SBS 스페셜 〈페루소녀 요하나, K-POP에 빠지다〉 영상번역 등 다수

혼자배우는 스페인어 첫걸음

초판 1쇄 발행 2015년 12월 15일
     8쇄 발행 2024년 10월 10일

발행인 박해성
발행처 정진출판사
지은이 양인지
편집 김양섭, 조윤수
기획마케팅 이훈, 박상훈, 이민희
디자인 허다경
삽화 김혜원
출판등록 1989년 12월 20일 제 6-95호
주소 02752 서울시 성북구 화랑로 119-8
전화 02-917-9900
팩스 02-917-9907
홈페이지 www.jeongjinpub.co.kr

ISBN 978-89-5700-134-9   *13770